1. Auflage, 2019, als eBook und Taschenbuch.
ISBN (Taschenbuch): 9781696025515
Independently published.

Druck / e-Publishing:
Amazon Media EU S.à r.l., 5 Rue Plaetis, L-2338, Luxembourg.

Fotos:
Alle Fotos von Cheryl Bennett.
Bei eventuellen Ausnahmen wird direkt am Bild auf die Quelle hingewiesen.
Titelbild: Agonda Beach, Süd-Goa.


1918 St. Regis, Dorval, QC H9P 1H6, Canada.

Kontaktaufnahme bitte per Email – ich arbeite papierlos.
Postsendungen werden ungeöffnet entsorgt.

*Hinweis zu Links:*
Bei Links kann es sich um Partner-Programme handeln. Das bedeutet, falls über einen solchen Link ein Kauf bei einem Partner abgeschlossen wird, erhalte ich eine Provision. Ich entscheide mich jedoch nicht wegen der Provision für ein Produkt oder anderes Angebot, sondern weil es mich überzeugt und ich eine hilfreiche Empfehlung weitergeben möchte. Daher ist nicht jeder Link ein Partner-Link, sondern nur wo ein Partner-Programm angeboten wird. Dir als Leser entstehen beim Kauf über Partner-Links keine zusätzlichen Kosten. Du hast aber damit die Möglichkeit, meine Arbeit auf unkomplizierte Art zu unterstützen – ganz herzlichen Dank hierfür! ❀

*Haftungsausschluss:*
Ziel dieses Buches ist es, dem Leser hilfreiches Wissen und Informationen zu vermitteln. Es wurde unter größter Sorgfalt erarbeitet und geschrieben. Die Autorin bietet jedoch keinerlei Garantie und übernimmt keine Haftung für mögliche Schäden, die aus der Anwendung der Inhalte resultieren. Die Umsetzung der Informationen erfolgt ausdrücklich auf eigenes Risiko des Lesers. Haftungsansprüche gegenüber der Autorin für Schäden materieller oder ideeller Art, die durch die Nutzung oder die Unterlassung oder Nichtnutzung oder durch fehlerhafte oder unvollständige Informationen verursacht wurden, sind grundsätzlich ausgeschlossen. Die Autorin übernimmt keine Gewähr für die Aktualität, Korrektheit, Vollständigkeit und Qualität der bereitgestellten Informationen. Fehler beim Druck und falsche Informationen können nicht vollständig ausgeschlossen werden. Die Autorin übernimmt keinerlei juristische Haftung in irgendeiner Form für fehlerhafte Angaben und eventuell daraus entstandener Folgen.

# Goa

GRÜN,
NACHHALTIG,
VEGAN.

Der etwas andere Reiseführer
für Foodies, die unterwegs gerne gesund schlemmen,
Digitale Nomaden, und jeden,
der top vorbereitet ankommen möchte.

Ergänzungen wie die Stadtkarte,
Videos oder Podcast-Folgen
findest du auf
www.ecoco.bio/goa

Lust auf noch mehr
Reiseführer, Ressourcen und Inspiration
für deinen grünen, gesunden Lebensstil?
☞ ecoco.bio

# INHALT

# VORWORT

Deine nächste Reise soll nach Goa gehen? Wow, ich war noch nie dort, aber das vorliegende Buch hat mir richtiggehend Lust darauf gemacht.

Dass es angenehm zu lesen sein würde und nur die besten Tipps für veganes und gesundes und leckeres Essen enthalten würde, das war mir schon klar, als meine Vmail-für-Dich-Freundin und Podcast-Kollegin Cheryl angekündigt hat, von ihrer Reise nach Goa in einem Buch zu berichten. Aber da gibt es ja noch so viel mehr zu entdecken und es werden alle Fragen beantwortet, die ich mir vor solch einer Reise auch stellen würde und es gibt viele Erklärungen und hilfreiche Tipps dazu.

Ganz ehrlich, ich hatte als Cheryl auf Goa war gedacht, sie wäre dort, um Urlaub zu machen. Dass sie aber mit der Akribie einer Auslandsreporterin dort unterwegs recherchiert, beobachtet und sich eine eigene Meinung gebildet hat, das war mir gar nicht klar. Umso beeindruckter bin ich davon, was ich jetzt hier vorgefunden habe.

Das was dieses Buch so ganz besonders macht, ist Cheryls Blick auf Nachhaltigkeit, Umwelt und die gesellschaftliche Entwicklung dieses indischen Bundesstaates. Sie schreibt über Goa, als wäre sie dort zu Hause und das macht das Lesen zu einem Vergnügen. Gleichzeitig erfährst Du all die wichtigen Dinge zu Unterkünften, Essen, Reisen vor Ort, Gesundheit, Internetanschluss, Natur, Kunst, Küche und Kultur und alle anderen Fakten, die man von einem Reiseführer erwartet.

Wohlwollend nimmt sie alles unter die Lupe, berichtet kritisch, wo es sein muss, aber immer liebevoll. Das ist es, was ich von einem Reiseführer erwarte, dass er mich über die Realität und die

Lebensumstände in einem Land informiert und, dass er mich als Touristin mitnimmt in das Leben der Menschen dort. Tourist*in wird man dennoch bleiben, aber mit den Tipps in diesem Buch, wird man hoffentlich einen möglichst kleinen Fußabdruck hinterlassen und sich dennoch eingebunden fühlen.

Ich wünsche Dir eine gute Reise und bin mir sicher, Du hast mit diesem Buch den richtigen Begleiter gefunden.

Dr. Christine Volm
Gartenbauwissenschaftlerin, Botanikerin, Autorin –
Ernährungsberatung, Exkursionen, Seminare

christine-volm.de
Termine auf wildundroh.de
Blog: tine-taufrisch.blogspot.com
info@christine-volm.de

# HALLO!

Ich grüße dich! ... Du interessierst dich für Goa? Dann liebst du sicher die Nähe zum Meer, warmes Klima, Schlemmen am Strand und bist gespannt auf fremde Kulturen? Ich nämlich auch! Und da ich online arbeite und sozusagen mit dem Laptop unterm Arm reisen kann, habe ich 2018 mein Hab und Gut aufgelöst und mich längerfristig 'auf die Socken' gemacht ... bzw. 'auf die Flipflops' ☺. Seither erkunde ich unseren Erdball.

Gestartet bin ich in Goa. Dort habe ich über den Jahreswechsel 2018/19 zwei Monate verbracht – und gäbe es nicht so viel mehr auf der Welt zu sehen, wäre ich am liebsten länger dort geblieben! Ich hoffe, ich bekomme die Gelegenheit, zurück zu kehren. Und bis dahin will ich alles, was ich während meines Aufenthalts an hilfreichen Infos und Erfahrungen sammeln konnte, wenigstens an dich weitergeben, damit du möglichst einfach und unkompliziert zu deiner Traumreise kommst!

Du wirst allerdings schnell sehen, dass dieser Reiseführer ein wenig 'anders' ist. Ich bin vermutlich von Standard-Vorlagen etwas abgewichen und habe stattdessen einfach das festgehalten, was mir sinnvoll und wichtig erschien – mit dem Ziel dir bestmöglich bei deinen Reisevorbereitungen zu helfen. Und dann ist hin und wieder vielleicht auch noch eine kleine, möglicherweise unterhaltsame Anekdote dazwischen gerutscht. Live aus dem indischen Alltag. Für dich zur Einstimmung auf das Reiseerlebnis. Zünde schon mal ein Räucherstäbchen an!

Was dir sicher auffallen wird ist der (noch) etwas ungewöhnliche Blickwinkel aus dem ich diesen Reiseführer geschrieben habe. Wenn ich nicht gerade Reiseberichte verfasse, betreibe ich unter anderem ein Online-Wiki für 'rundum vernünftige Angebote' auf www.ecoco.bio – also alles, was bio, vegan, glutenfrei, vollwertig, möglichst auch rohköstlich, umweltfreundlich, ethisch ... ist. Lebensmittel, aber auch andere Produkte und Dienstleistungen, die uns ermöglichen einfacher nachhaltiger und gesünder zu leben. Zu diesen Themen schreibe ich auch auf meinem Blog und berichte im Podcast. Das Interesse auf diesem Gebiet macht sich natürlich auch in anderen Bereichen meines Lebens bemerkbar. Du kannst es dir also schon denken: auch auf reisen ernähre ich mich rein pflanzlich und versuche möglichst 'öko' durch die Welt zu kommen. Vor allem habe ich auch immer Augen und Ohren offen, um neue Inspiration aufzuspüren, beobachte gerne was vor Ort bewegt wird, lasse mich überraschen – und bin natürlich auf kulinarischer Entdeckungsreise.

## Was erwartet dich also in diesem Reiseführer?

Reisevorbereitungen nehmen enorm viel Zeit in Anspruch. Findest du nicht auch? Zumindest verbringe ich unzählige Stunden damit, Land, Leute und Angebote bis ins Detail zu recherchieren, um die für mich interessantesten und möglichst optimalen Ziele zu finden und auch nur nichts zu verpassen!

Vielleicht hast du nicht ganz so viel Zeit, wenn du deine Reise nach Goa planst. Du willst aber sicher trotzdem gut vorbereitet landen, um das meiste aus deinem Urlaub herauszuholen. Vielleicht hast du wie ich dein Laptop im Gepäck und brauchst praktische Infos, um von Tag 1 mit deinem Projekt starten zu können. Oder du willst einfach die beste Strandliege ergattern, die Füße hochlegen – aber Bescheid wissen, wie und wo dein Abend zum Schlemmer-Highlight wird. So oder so bist du hier genau richtig!

Dies ist ein etwas ‘anderer’ Reiseführer. Neben dem 'grünen' Blick auf das Reiseziel liegt der Schwerpunkt hier auf einer schnellen Einfindung in deinen neuen Alltag in Goa. Er führt dich vor allem sicher durch das kulinarische Angebot und hilft dir, mit praktischen Infos deinen Arbeitsalltag zügig einzurichten. Du sollst dich vom ersten Tag an gut zurechtfinden und schnell in Goa einleben. Und damit du vorab schon den idealen Standort für deinen Aufenthalt herauspicken kannst, verschaffe ich dir einen Überblick über die möglichen Ziele und die Unterschiede zwischen den Regionen. Somit bekommst du ein gutes Gefühl für die Ortschaften und kannst leicht die perfekte Wahl treffen.

Natürlich liste ich auch die wichtigsten Sehenswürdigkeiten auf und du findest sie zusammen mit vielen weiteren hilfreichen Eintragungen in der digitalen Karte. Allerdings habe ich sie nicht selbst alle besucht, da ich in Goa einen 'normalen' Arbeitsalltag gelebt habe. Daher gebe ich auch Tipps weiter, die ich bei meinen Recherchen und vor Ort sammeln konnte. Auch bei der Suche nach einer Unterkunft kann ich dir helfen. Tatsächlich ändert sich das Angebot jedes Jahr ein wenig, da die Hütten zum Monsun abgebaut und im neuen Jahr wieder aufgebaut werden. Daher erwähne ich nur an wenigen Stellen einzelne Unterkünfte als Empfehlung und trage eine breitere Auswahl in die digitale Karte ein. Ganz einfach findest du ein für dich passendes Angebot auch auf den großen Online-Buchungs-Plattformen. Aber keine Panik, ich lass' dich nicht hängen: genau hierfür habe ich Tipps für dich, wie du das am effektivsten machst! Außerdem teile ich meine Erfahrungen mit dir, damit du weißt, worauf du bei der Buchung achten musst und wie du die Angebote in Goa richtig einschätzt. Ich hoffe ich kann dir somit ein gutes Gefühl für die Situation vor Ort vermitteln, das dir ermöglicht, unkompliziert ein passendes Zuhause für deine Zeit in Goa zu wählen.

Mit diesem besonderen Reiseführer bist du auf jeden Fall gewappnet für deinen Besuch in Goa als Veganer oder jemand, der gerne gesund schlemmt, sowie als Digitaler Nomade oder jemand, der auch auf Reisen 'mal die Nase im Tablet oder Smartphone vergräbt! Und natürlich wenn du jemand bist, dem das Wohl unseres Planeten und der Bewohner darauf am Herzen liegt. Dann habe ich interessante Infos für dich gesammelt! Nicht alles, was ich hier erwähne ist zufriedenstellend nachhaltig und 'grün'. Aber was ich finden konnte, habe ich notiert. Und wo ich nichts finden konnte, und weil das Öko-Angebot in Goa noch nicht sehr groß ist, findest du ergänzend auch beliebte konventionelle Optionen.

Allgemein habe ich alles, was ich direkt vor Ort selbst spannend oder hilfreich fand sowie Infos, die ich gerne vorab schon gehabt hätte, hier als Tipps für dich zusammengestellt. Ich habe versucht, für jeden etwas Interessantes reinzupacken. Es sind sicher auch Entdeckungen darunter, die ungewöhnlich und in keinem anderen Reiseführer zu finden sind ... und ich hoffe, für dich ist genau das dabei, was dir hilft deinen Traumurlaub zu verwirklichen! Und wenn du vor Ort noch mehr entdeckst, was in die Sammlung muss, freue ich mich von dir zu hören!

Also starten wir! Ab nach Goa!

## Let's connect!

Noch kurz – bevor wir abheben ... wo treibst du dich denn im Internet so herum? Let's connect! Ich freu' mich, dich zu treffen!

ecoco.bio/blog
pinterest.de/ecocobio
youtube.com/c/ecocobio
facebook.com/ecoco.bio
instagram.com/ecoco.bio
twitter.com/ecocobio
linkedin.com/in/cheryl-bennett

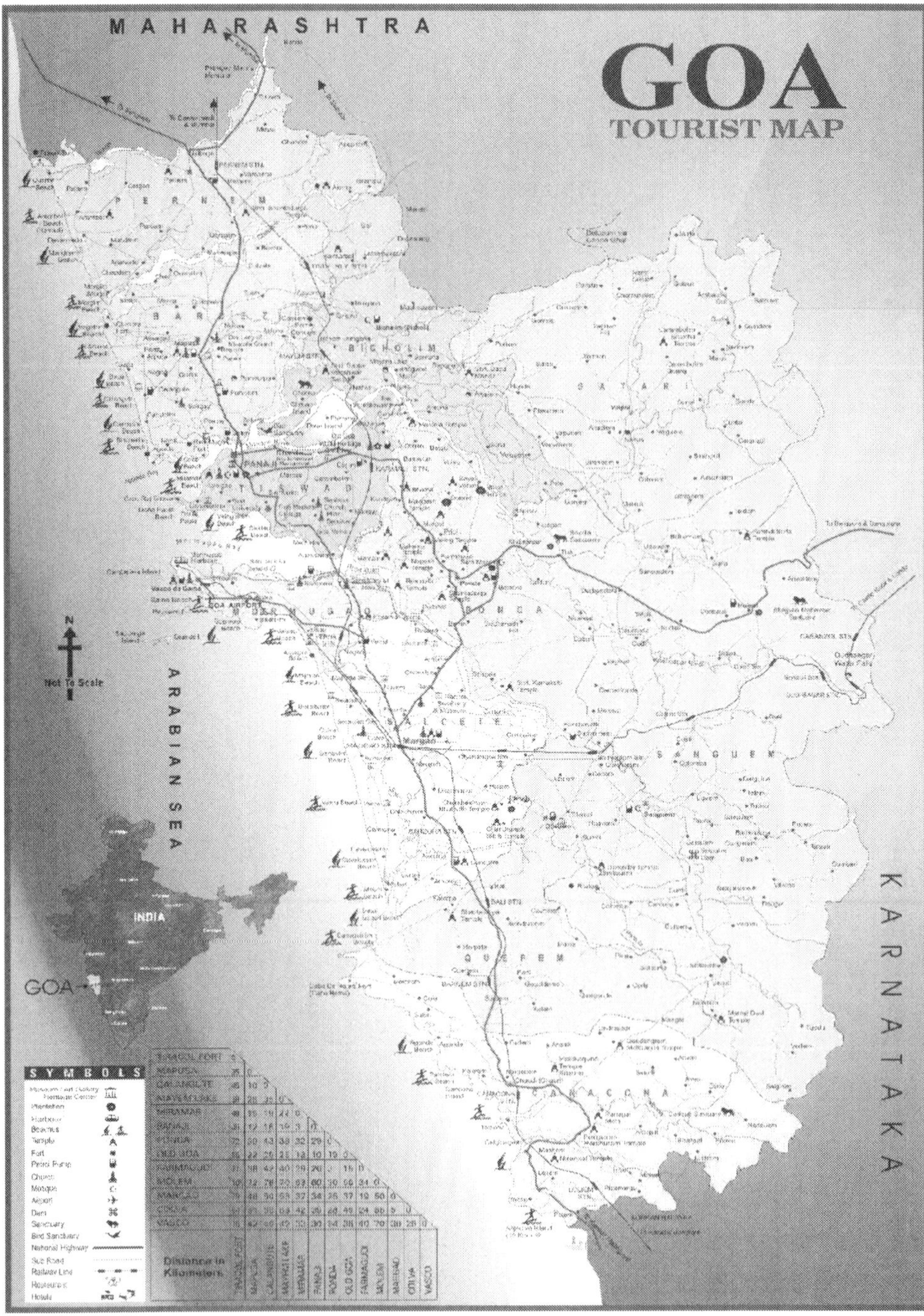


Quelle: Goa Tourism.

Karte zum Download verfügbar auf goa-tourism.com/map

# GOA STELLT SICH VOR

## Eckdaten – die Geschichte

Goa hat eine sehr interessante **Geschichte** und man sollte auf jeden Fall zumindest ein klein wenig darüber gehört haben! Also, kurz ein paar **Eckdaten** zum Bundesstaat und ein kleiner Blick in die Vergangenheit!

Goa ist mit einer Fläche von 3.702 $km^2$ und etwa 1,5 Millionen Einwohnern der **kleinste Bundesstaat Indiens**. Von Norden nach Süden erstreckt er sich über etwa 105 km, von Ost nach West über 65 km – überschaubar! Kein Wunder wird der Bundesstaat oft mit einer Insel verwechselt.

Die **Landschaft** an der Küste ist von kilometerlangen, wunderschönen Stränden bestimmt. Sie werden durch viele Flussmündungen unterteilt. Im Inland gibt es Berge und Dschungel: die Westghats, wohin sich Touristen vergleichsweise seltener hin verirren.

Das **Klima** in Goa ist tropisch. Die Tagestemperaturen liegen recht beständig um die 30 Grad, wobei im Sommer der Monsun Abkühlung bringt (etwa von Mai/Juni bis September/Oktober). Ich habe die Temperaturen im Dezember und Januar auch ohne Klimaanlage nie als unangenehm heiß empfunden – habe mich aber auch meistens in der Nähe des Meeres aufgehalten. Fährt man nur ein kleines Stück ins Inland, spürt man den Unterschied sofort!

Als beste **Reisezeit** gilt etwa der Zeitraum von Dezember bis März. Die teure Hochsaison liegt im Dezember und Januar. Am günstigsten sind Flüge und Unterkünfte während des Monsuns. Diese Zeit bietet ein komplett anderes Reiseerlebnis als der Sommer – mehr dazu im Kapitel 'Beste Reisezeit und Monsun'.

Aus der **Tierwelt** sieht man in Goa vor allem viele Kühe, Hunde und Katzen, die überall frei umherlaufen. In den Siedlungen begegnet dir außerdem vielleicht mal ein winzig kleiner Frosch, das ein oder andere Streifenhörnchen, ein paar Äffchen oder auch Schweine. Und es gibt jede Menge Krähen, die ihr 'Lied' zum Besten geben. Entgegen allen Befürchtungen sind mir so gut wie gar keine unerwünschten Mitbewohner in den Hütten und Guesthouses begegnet! Mach' dir also keine Sorgen wegen der gefürchteten Kakerlaken oder Spinnen. Ich gebe Entwarnung!
Im Dschungel oder in Häuschen, die etwas abgelegener im Grünen liegen, musst du vielleicht etwas wachsamer sein ... falls eine Kobra es sich unterm Sofa bequem gemacht haben sollte. In den Westghats gibt es natürlich auch sonst allerhand exotisches großes und kleines Getier zu entdecken – aber im Dorf wirst du, was wilde Tiere angeht, eher nicht viel zu sehen bekommen.

Die **Hauptstadt Goas ist Panaji** (oder englisch: Panjim / portugiesisch: Pangim). Nicht weit entfernt davon liegt Old Goa (Goa Velha), die ursprüngliche Siedlung, die bereits im 15. Jahrhundert gegründet wurde. Die meisten Einwohner zogen im 18. Jahrhundert wegen Epidemien nach Panaji, das 1843 zur Hauptstadt ernannt wurde. Panaji ist mit knapp 59.000 Einwohnern nur die drittgrößte Stadt im Bundesstaat. An erster Stelle steht die **Hafenstadt Mormugao** mit etwa 97.000 Einwohnern, die als einer der besten Naturhäfen Südasiens gilt und einer der wichtigsten Häfen Indiens für den Eisenerzexport darstellt. Von Panaji aus ist Mormugao nur einen Hüpfer über die südliche Flussmündung entfernt. Noch etwas weiter südlich liegt **Margao** (Madgao) mit rund 78.000 Einwohnern, beliebt für Einkäufe und allerhand Erledigungen, sowie den örtlichen Bahnhof.

Die **Geschichte Goas** reicht sogar mindestens bis ins 3. Jahrhundert v. Chr. zurück. Wie andere Teile der Erde ist sie geprägt von Machtkämpfen, Herrschern und dem Aufgang und Untergang verschiedener Reiche. Über die jüngste Geschichte sind natürlich die meisten Details bekannt. An den Namen der Städte erkennt man es bereits: Goa war lange Zeit portugiesisch besetzt. 1498 landete **Vasco da Gama** erstmals an der Küste und schon 1510 wurde Goa zur **portugiesischen Kolonie**. 1961 eroberte Indien seinen Bundesstaat zurück. 1974 erkannte auch Portugal die Zugehörigkeit Goas zu Indien offiziell an. Die portugiesische Vergangenheit ist auch heute nicht zu übersehen. Geblieben sind unter anderem die **europäisch anmutenden Kirchen**, Kathedralen und historischen Gebäude – viele davon gut erhalten, heben sie sich optisch deutlich von ihrer indischen Umgebung ab.

Auch die **Sprache** ist portugiesisch beeinflusst und nennt sich **Konkani**. Wobei man mit Englisch prima durchkommt. Allerdings wird Englisch nicht so selbstverständlich oder gut gesprochen wie in den Großstädten Indiens. Für viele ist es ebenfalls eine Fremdsprache und man sollte mit Geduld und Verständnis kommunizieren. Zudem muss man wissen, dass ein Großteil des Personals der örtlichen Tourismusbranche extra für die Saison aus den verschiedensten Teilen Indiens und Nachbarländern anreist. Auch diesen Menschen ist Konkani nicht vertraut und daher verständigen sich die Mitarbeiter untereinander auch auf Hindi oder Englisch, obwohl oft beides für sie Fremdsprachen sind.

Viele Einwohner Goas sind übrigens Katholiken. Insgesamt setzt sich die **Religionszugehörigkeit** wie folgt zusammen: etwa zwei Drittel Hindus, ein Viertel Christen, 8 Prozent Muslime.

Goa ist der reichste Bundesstaat Indiens. Im Jahr 2017 betrug das **Bruttoinlandsprodukt** pro Kopf etwa USD 7.045 [1]. Zum Vergleich: dies ist etwa das 3,5-fache des Durchschnitts von ganz Indien, das bei etwa USD 1.939 lag, während Deutschland etwa USD 44.470 erzielte [2]. Goa verdient vor allem durch den Tourismus, die hohe Industrialisierung und den Geld-Transfer von Auslands-Goanesen. Auch die Gesundheitsversorgung ist überdurchschnittlich und wird zum Beispiel an der vergleichsweise niedrigen Kindersterblichkeit deutlich.

Wenn du tiefer in die Geschichte eintauchen oder mehr Fakten aufsaugen möchtest, findest du **weitere Eckdaten** und einen ausführlicheren Überblick zum Beispiel auf **Wikipedia**. In diesem Eintrag findest du auch einige Daten aus dem vorangegangenen Kapitel wieder:

☞ de.wikipedia.org/wiki/Goa

[1] Government of India Ministry of Statistics and Programme Implementation (2019): Data, mospi.nic.in/data [via] Statistic Times: Indian states by GDP per capita, statisticstimes.com/economy/gdp-capita-of-indian-states.php [Abgerufen am 01. Oktober 2019]

[2] Google Public Data: GDP per capita, google.com/publicdata/explore [Abgerufen am 01. Oktober 2019]

## Tourismus in Goa – die Gegenwart

Goa wurde unter anderem durch die Indien-Reisen der Beatles und anderer westlicher Persönlichkeiten in den **1960ern und 70ern** als Reiseziel beliebt. Man erzählt sich noch heute Geschichten über die **Hippies**, die nackt tanzten, ihre Pässe verbrannten und die Höhlen in Anjuna besiedelten, um dem gewöhnlichen westlichen Leben zu entfliehen. Aus dieser Bewegung heraus entstand die bekannte Musikrichtung **'Goa Trance'** sowie der Samstagsmarkt von Anjuna.

Inzwischen leben die zweite und dritte Generation dieser westlichen Einwanderer in Goa und die Zeiten haben sich geändert. Nichtsdestotrotz ist Goa immer noch ein sehr liberaler Ort und in vielen Regionen ist ein **'alternativer' Vibe** spürbar. Wobei die Tourismusbranche inzwischen natürlich Fuss gefasst hat und 2017 sogar das **erste 5-Sterne-Hotel** Goas in Vagator eröffnet wurde. Es gibt aber auch Nachtclubs und Bars, die in den 80ern und 90ern aktiv wurden und dem Wandel der Zeit standgehalten haben.

Im Vergleich zu damals haben sich aber vor allem auch die Preise verändert. Örtliche Anbieter hatten mir berichtet, dass die **Besucherzahlen** um 2012 scheinbar ein Hoch erreicht hätten. Seither sind die Preise für Unterkünfte jedes Jahr gestiegen. Laut Statistik [3] sind tatsächlich in den Folgejahren noch mehr Touristen in die Region eingeströmt! Die Zahlen stiegen jährlich zwischen etwa 20 und 30 Prozent. Wurden 2012 etwa 2,8 Mio. Besucher erfasst, waren es 2017 schon etwa 7,8 Mio.! Dann ging das Wachstum abrupt zurück auf unter 3 Prozent und Goa begrüßte im Jahr 2018 wieder um die 8 Mio. Touristen.

[3] Government of Goa Department of Tourism (2019): Tourist Arrival Statistics, goatourism.gov.in/statistics/333 [Abgerufen am 01. Oktober 2019]

Möglicherweise könnte ein vorübergehender Höchststand erreicht sein, denn der ein oder andere Anbieter klagte auch schon über ausbleibende Kundschaft.

Hierbei muss man allerdings berücksichtigen, dass auch das Angebot, also der Wettbewerb, mit jedem Jahr zugenommen hat. Immer mehr Hütten springen wie Pilze aus dem Sandstrand, nicht zu schweigen von den Guesthouses, Resorts und weiteren 5-Sterne-Hotels. Vermutlich herrscht inzwischen einfach ein **Überangebot**. Mich würde es daher nicht wundern, wenn die Preise wieder etwas fallen, oder zumindest stabil bleiben. Der ein oder andere Tourist rechnet sonst womöglich genauer nach und trägt sein Geld an einen anderen der zahlreichen schönen Strände dieser Welt – wo er aber zu diesen Preisen möglicherweise auch einen etwas höheren Komfort erhält. Nichtsdestotrotz, auch wenn Goa im Vergleich zum Rest Indiens teuer erscheinen mag, ist ein Aufenthalt hier für westliche Geldbörsen immer noch sehr günstig – und es ist Einiges geboten!

Ich habe Goa die **'Karibik für den kleinen Geldbeutel'** getauft. Was nicht bedeuten soll, dass es nicht auch für den Einsatz 'großer Geldbörsen' Möglichkeiten gäbe. Aber man findet hier zum vergleichsweise günstigen Preis wunderschöne, breite, lange, von Kokospalmen gesäumte Strände, kann sich dort in einer Liege zurücklehnen und unter einem Palmwedel-Schirm eine frische Kokosnuss schlürfen. Auf Aktive warten auch jede Menge Wassersportarten, Bootsausflüge, Dschungel-Touren, Stadtbesichtigungen, Besuche auf Gewürzfarmen oder Trips zu Wasserfällen und historischen und kulturellen Stätten. Im nördlichen Teil finden Nachteulen die altbekannten Goa-Partys, während der südliche Teil vor allem für Ruhe, Entspannung oder auch Heilung aufgesucht wird. Auch wenn sich die Zeiten ändern, wird dieser Reichtum an Angeboten und Aktivitäten sicher noch eine Weile hier zu finden sein.

# Goa nachhaltig – für die Zukunft

Reiseführer starten traditionell mit einem langen Abschnitt über die **Geschichte des Reiseziels**. Diese Kapitel finde ich sehr interessant und sie sind sicher auch wichtig, um den Ort, den man in der Gegenwart besuchen möchte, sowie die Menschen und Umstände dort besser oder überhaupt verstehen zu können.

Was mich aber darüber hinaus – und fast noch viel mehr – interessiert ist, was an diesem Ort zur **Vorbereitung auf die Zukunft** getan wird. Welche Initiativen für Nachhaltigkeit, Umwelt und eine bessere Gesellschaft wurden ins Leben gerufen? Welche Projekte verändern bereits heute den Alltag der Menschen? Was wird schon jetzt an zukunftsweisenden Ideen gelebt? Und was ist für die Zukunft noch in Planung?

Ich wundere mich, dass dieser wichtige Punkt in den meisten Reisebüchern aktuell noch komplett übersehen wird. Zumal solche zukunftsorientierten Initiativen einen bedeutenden Einfluss auf das Leben der Menschen vor Ort und somit auch auf den Aufenthalt der Besucher haben. Umso fortschrittlicher die Gemeinden in diesem Bereich organisiert sind, umso höher ist für gewöhnlich die **Lebensqualität**, umso sehenswerter die Umgebung und umso schöner das Ambiente für den Urlaub.

Ich will damit nicht sagen, dass **Tourismus den Beweggrund** für nachhaltige Aktivitäten darstellen soll. Höchstens ergänzend, als zusätzlicher Bonus. Wobei man andererseits sagen muss, dass jeder Grund etwas nachhaltig zu gestalten willkommen ist. Hauptsache es wird etwas getan und zum Positiven verändert. Aber was ich eigentlich sagen wollte ist: auch im Kontext von Tourismus sind diese Themen durchaus interessant und in der heutigen Zeit dürften sie in keinem Reiseführer fehlen.

Wenn ich einen mir neuen Ort irgendwo auf unserer Welt besuche, finde ich es enorm spannend zu beobachten, wie weit die Themen **Nachhaltigkeit, Umwelt und Zukunft** im Bewusstsein der Menschen verankert sind und im Alltag gelebt werden. Mich interessiert es brennend, über die Projekte der Gemeinde und Organisationen vor Ort zu lesen, und zu sehen, was bereits umgesetzt wurde. Mit etwas Glück ist es dann auch eine Freude zu sehen, in welche Richtung die Entwicklung läuft und sich auszumalen wie der Ort und das Leben dort vielleicht in fünf oder zehn oder mehr Jahren aussehen wird. Und immer wieder gibt es dabei auch etwas zu lernen, ein wenig Inspiration für zuhause. Somit dient auch auf diesem Gebiet Tourismus dem konstruktiven Austausch und könnte helfen, neue Projekte zu initiieren. Außerdem ist die Beobachtung solch grünen Engagements in der heutigen Zeit allgemein eine Quelle von Hoffnung für unsere Welt und unseren Planeten.

In diesem Sinne geht es mir in diesem Reiseführer nicht darum, eine Sammlung von luxuriösen, alltagsfernen Ökotourismus-Zielen und -Unterkünften zusammenzustellen. Viel mehr will ich versuchen einen Einblick zu vermitteln, wie es im ganz normalen **Alltag vor Ort** um Nachhaltigkeit bestellt ist. Wie grün ist das normale Leben dort? Und wie grün kann man als Besucher seinen Aufenthalt dort gestalten, auch wenn man nicht im all-inclusive Öko-Resort unterkommt, sondern sich ganz normal unter die Leute mischt?

Leider musste ich auf meinen Reisen bisher feststellen, dass nur wenige **Gemeinden oder ihre Tourismus-Büros** entsprechende Informationen veröffentlichen. Entweder ist ihnen das Potenzial noch nicht bewusst oder sie sind in diesem Bereich wenig aktiv. Daher gibt es für mich mit diesem speziellen Interesse nicht immer viel zu berichten. Obwohl ich mir sicher bin, oder zumindest die Hoffnung habe, das das Thema Nachhaltigkeit inzwischen überall präsent sein muss und entsprechende Initiativen sich an jedem Reiseziel zumindest in der Entwicklungsphase befinden müssten.

In Goa hatte ich erst die Befürchtung, ich müsste dieses Kapital aus meinem kleinen Reiseführer streichen. Der erste, oberflächliche Eindruck des Gesamtzustands, den man bei der Ankunft erhält, ist **ernüchternd**. Ich vermute, die meisten Indien-Besucher kennen das Gefühl. Es scheint als sei der Begriff Umweltschutz noch gar nicht im örtlichen Vokabular angekommen. Von entsprechenden Maßnahmen und Initiativen ist auf den ersten Blick nichts zu erahnen. Was man sieht ist Verschwendung, Plastik, Müll. Zum Alltag gehören 'Lagerfeuer' in Höfen und auf der Straße, die der Entsorgung des häuslichen Abfalls dienen, jeglichen Abfalls. Man läuft an Kühen vorbei, die am Straßenrand genüsslich auf Plastiktüten kauen. Es scheint nicht einmal ein Hauch von Umweltbewusstsein in der Luft zu liegen. Nicht einmal für das eigene Grundstück. Wie gesagt, es ist ernüchternd. Und an die Tatsache, dass Goa vermutlich noch der sauberste Bundesstaat Indiens ist, darf man in dem Moment gar nicht denken.

Eigentlich hat man ja den Eindruck, dass Indien mit seiner Kultur, seiner Verbundenheit zu alten Traditionen, dem Yoga und Ayurveda, sich viel **weniger von Mutter Natur entfernt** hat als wir westlichen Industrienationen. Ich glaube, an sich ist es tatsächlich auch so. Nur leider hat der 'moderne Fortschritt' auch dort das Land und das Volk überschwemmt. Und wie auch wir erst langsam aufwachen und erkennen, dass viele dieser Veränderungen uns überhaupt nicht gut getan haben, so muss auch in Indien das Bewusstsein dafür in der breiten Masse erst ankommen. Und wenn wir schon von breiter Masse sprechen ... so ist diese in Indien natürlich noch viel 'breiter' – im Sinne von Bevölkerungszahlen und Bevölkerungsdichte. Hier müssen noch viel mehr Menschen aufwachen als in unserer eignene kleinen, weniger besiedelten Region. Der Dampfer, der gewendet werden muss, ist noch viel größer. Das alleine stellt eine enorme Herausforderung dar und ein Wettrennen gegen die Zeit. Und wird weiter erschwert durch Faktoren wie Bildung oder die Ablenkung von Ressourcen zur Bewältigung anderer fundamentaler Probleme – mehr dazu gleich.

Nach meinen ersten Beobachtungen in Goa war also die Sorge aufgekommen, es gäbe möglicherweise überhaupt keine Initiativen, über die ich berichten könnte. **Ein schwarzes Kapitel**. Vor allem für unseren Planeten. Ich war schon am überlegen, ob ich das Buch aus meiner Serie von Reiseführern mit 'nachhaltigem, grünem' Fokus herausnehmen sollte. Ob es einfach ein 'normaler' Reiseführer werden müsse. Oh wie traurig. Aaaaaber ...

Jetzt kommt endlich **die gute Nachricht!** In Goa gibt es wie überall sonst auf der Welt natürlich auch eine Menge wunderbarer Menschen, die sich mit Engagement dafür einsetzen, die in den jüngsten Jahrzehnten durch unsere modernen Lebensstile entstandenen Schäden rückgängig zu machen und die Weichen für eine bessere Welt zu stellen!

Auch wenn auf den ersten Blick vielleicht nicht immer viel sichtbar sein mag, so entdeckt man unter der Oberfläche doch Einiges, das Hoffnung macht! Man muss nur etwas genauer hinsehen und tiefer buddeln. So bin ich doch noch fündig geworden! Und plötzlich sprudelten die **aufmunternden Meldungen** nur so aus ihren Verstecken heraus! Also freue ich mich nun, hier einen kleinen Einblick zu präsentieren in das nachhaltige Schaffen in Goa! Die Liste enthält Initiativen, die in Goa aktiv umgesetzt werden oder in Planung sind. Sie erhebt keinen Anspruch auf Vollständigkeit, sondern soll ein paar Eindrücke über das abwechslungsreiche Engagement vor Ort vermitteln. In keiner bestimmten Reihenfolge. Möge sie nur die Spitze des Eisbergs sein. ☺

## Waldschutz

Minister Dr. Pramod Sawant hat den Schutz und die Erhaltung von 60 Prozent des Waldes im Visier [4]. Hierzu setzt Goa auf die **Ausbildung von Förstern** sowie verstärkter **Forschung** auf diesem Gebiet. Der Staat investiert in die 'Valpoi Forest Training School', um sie zu einem Forschungsinstitut mit dem Titel 'Goa Forest Research and Training Institute' auszubauen. Des Weiteren soll der **Tourismus im Inland**, also in den noch weniger besuchten Waldgebieten, gestärkt und der Tierpark 'Bondla Wild Life Sanctuary' ausgebaut werden.

## Erweiterung des Abfall-Gesetzes

Als ich in Goa war, erzählte man mir bereits, dass **Plastiktüten** im Handel verboten seien und dass eine Erweiterung des Gesetzes auf andere **Einweg-Plastikartikel** wie Strohhalme im Gespräch sei. Im August 2019 wurde nun tatsächlich ein entsprechender Gesetzesvorschlag eingereicht [5]. Wird er angenommen, gilt dann folgendes: sowohl Plastiktüten als auch "Artikel aus Plastik/Styropor wie Becher, Strohhalme, Deckel, Besteck, Folienbeutel und Frischhaltefolien, auch mit Metallschicht, Kunststoff-Zellophan-Papier und weitere Artikel, die möglicherweise von der Regierung identifiziert und bekannt gegeben werden" dürfen **nicht hergestellt** oder in Verkehr gebracht werden. Des Weiteren dürfen solche Artikel an öffentlichen Orten **nicht verwendet** oder weggeworfen werden. Und sie dürfen **nicht in der Öffentlichkeit verbrannt** werden. Bei Missachtung werden

[4] Government of Goa (03.08.2019): Conserve Forest To Protect Environment- Dr. Sawant [Press Release], goa.gov.in/know-goa/press-releases [Abgerufen am 01. Oktober 2019]
[5] Government of Goa (05.08.2019): Environment: The Goa Non-Biodegradable Garbage (Control) (Amendment) Bill 2019 [Press Release], goa.gov.in/know-goa/press-releases [Abgerufen am 01. Oktober 2019]

Geldstrafen von mehreren Tausend Rupees fällig oder eine Gefängnisstrafe.

## Erneuerbare Energien

In diesem Papier [6] weist das Amt für Energie-Entwicklung auf die Vorteile von Solarstrom für den Klimaschutz hin und erläutert das **Gesetz zur Förderung von Solarstrom**. Die Regierung will sowohl die Nutzung von Solarstrom in Haushalten als auch zur Stromproduktion in großen Solarkraftwerken vorantreiben. Hierfür bietet es finanzielle Anreize sowie förderliche Rahmenbedingungen und Regulierung.

## Verrichtung von Bedürfnissen unter freiem Himmel

Ein Thema, das im Westen überhaupt nicht präsent ist. So manch einer mag sich jetzt wundern, was es damit auf sich hat. Tatsächlich ist es ein großes Hygieneproblem in Indien. Es ist das Land mit der **höchsten Rate an öffentlicher Defäkation**. Das bedeutet, dass mehr Menschen als sonst wo auf der Welt ihre Notdurft im Freien verrichten.

Dabei handelt es sich um ein kulturelles Problem. Die Menschen glauben, dass alternative Methoden bzw. Lokalitäten für den Toilettengang unhygienisch seien. Zufällig bin ich vor nicht zu langer Zeit auch auf den **TED-Talk von Sangita Vyas** [7] gestoßen, in dem sie die Problematik genauer erklärt – unerwartet interessant und durchaus zu empfehlen! Schau' mal rein!

[6] Government of Goa (06.12.2017): Goa Energy Development Agency (GEDA): Goa State Solar Policy 2017, goa.gov.in/government/documents-and-reports [Abgerufen am 01. Oktober 2019]

[7] TEDx Talks (2015): The surprising truth of open defecation in India | Sangita Vyas | TEDxWalledCity [Video], youtube.com/watch?v=V35Vw29tay0 [Abgerufen am 01. Oktober 2019]

Da wird einem auch klar ... dass man in einem Land, in dem noch solch alte, **grundlegende Herausforderungen** des menschlichen Lebens auf der Tagesordnung stehen, sich nicht wundern braucht, wenn es noch nicht dazu gekommen ist, sich um Probleme zu kümmern, die erst im jüngsten Kapitel der Menschheitsgeschichte entstanden sind.

Auf jeden Fall verlautet diese Pressemitteilung [8] dennoch gute Nachrichten aus Goa: so wurde im Februar 2018 verkündet, der Bundesstaat würde das Problem bis Oktober desselben Jahres gemeistert haben und es gäbe dann in Goa keine öffentliche Defäkation mehr. Hierzu sollten 72.000 Toiletten aufgestellt werden. Nach ein paar Verzögerungen hieß es dann in der Times of India [9] am 1. September 2019 endlich: "***Goa is officially open defecation free***". Der Bundesstaat ist nun also in die Ränge der indischen Regionen aufgestiegen, die sich als 'frei von öffentlicher Defäkation' bezeichnen. In diesem Artikel ist von 500 aufgestellten Toiletten die Rede. Das Projekt ist jedoch noch nicht beendet und weitere Toiletten sollen folgen.

## Aufräum-Initiativen

Wer schon mal in Indien war, ist unvermeidbar auch Zeuge der globalen Müllproblematik unserer Zeit geworden. Leider ist sie nicht nur hier, sondern überall auf der Welt sichtbar. Aber in Indien mit seiner hohen Bevölkerungsdichte eben unübersehbar. Doch auch hier schließen sich immer mehr Menschen der **'Cleanup'**-Bewegung an und werden aktiv. Vielleicht erinnerst du dich an das

[8] Government of Goa (02.02.2018): Goa will become open defecation free by October this year – Chief Minister [Press Release], goa.gov.in/know-goa/press-releases [Abgerufen am 01. Oktober 2019]
[9] The Times of India (2019): Goa is officially open defecation free, timesofindia.indiatimes.com/city/goa/goa-is-officially-open-defecation-free/articleshow/70932374.cms [Abgerufen am 01. Oktober 2019]

Video [10] von 2018, das im Internet kursierte, über den jungen Anwalt Afroz Shah und sein Engagement am **Versova Beach in Mumbai**? Falls nicht, schau' dir unbedingt dieses Video an. Es ist erschreckend zu sehen wie dicht ein Strand auf ganz 'natürliche' Weise vom Meer mit Müll zugespült werden kann. Wie die Natur in Eigenregie eine Mülldeponie kreiert, weil sie sich nicht mehr anders zu helfen weiß. Und umso schöner, im Zeitraffer zu beobachten, wie er von vielen fleißigen Helfern langsam wieder befreit wird – bis schließlich wieder Sand unter den Bergen von Plastik und Schrott sichtbar wird! Mumbai liegt nur ein kurzes Stück nördlich von Goa – vielleicht reist du über Mumbai in das Land ein und hast Gelegenheit den Strand nun aus der Vogelperspektive zu bewundern!

[10] Great Big Story (2018): The Man Clearing 9,000 Tons of Trash From Mumbai's Beaches [Video], youtube.com/watch?v=JtGsdiYdObQ [Abgerufen am 01. Oktober 2019]

Aber auch in Goa werden die Ärmel hochgekrempelt und der Vermüllung der Kampf angesagt, wie in einer Pressemitteilung zu lesen ist [11]. Gouverneurin Mridula Sinha war aufgefallen, dass sich auf dem Gelände rund um das **Goa Medical College** in der Hauptstadt Panaji auffällig viel **Plastikmüll** ansammelte. In einer **Aufräumaktion** bereinigten Campus-Mitarbeiter sowie Beamte und Helfer aus der Gemeinde das Gebiet. Die Gouverneurin wurde gebeten, Strafen für zukünftige Verunreinigungen zu verhängen und sie will sich um eine entsprechende Verordnung kümmern. Zudem sollen die 'schwarzen Flächen' durch regelmäßige Aufräumaktionen in 'grüne Flächen' verwandelt und die Bürger für das Thema Sauberkeit sensibilisiert werden.

## Initiative für grüne Investitionen

Mit dem Programm **'Green Investment Scheme 2017'** will die Regierung die goanische Natur schützen und sicherstellen, dass die wohl benötigte Industrie nicht auf Kosten der Umwelt agiert. In diesem Papier [12] erklärt sie nun die Initiativen, Fördergelder und den Bewerbungsablauf. So sollen Unternehmen finanzielle Unterstützung erhalten, wenn sie **umweltfreundliche Geräte und Prozesse** einführen. Auch soll die Nutzung **erneuerbarer Energien und moderner Technologien** gefördert werden. Das Programm ist an Unternehmen jeder Größe gerichtet, vom Mikro-Gewerbe bis hin zum Großkonzern.

[11] Government of Goa (01.01.2019): Governor launches cleanliness drive opposite GMC English [Press Release], goa.gov.in/know-goa/press-releases [Abgerufen am 01. Oktober 2019]

[12] Government of Goa (18.07.2019): Incentives to Green Investment Scheme 2017 [Press Release], goa.gov.in/government/schemes [Abgerufen am 01. Oktober 2019]

## Abfall-Management

Aus dieser Pressemitteilung [13] geht hervor, dass Goa im Rahmen des Programms **'Green Goa, Clean Goa'** daraufhin arbeitet, die Region in einen **plastikfreien und abfallfreien Bundesstaat** zu verwandeln. Die örtlichen Abfallverwertungsanlagen sollen bald auch medizinische, gefährliche, biologisch abbaubare sowie industrielle Abfälle verarbeiten können. Die neuen Anlagen wären die ersten dieser Art in Indien. Zudem soll wie bereits beschrieben die Verwendung von Plastik durch die Erweiterung des Abfall-Gesetzes reduziert werden.

## Öko-Programm an Schulen

Der Rat für Wissenschaft und Technologie der goanischen Regierung hat mit Fördergeldern des Bundesministeriums für Umwelt, Wald und Klimawandel ein **Öko-Programm an Schulen** eingeführt. Wie in einer Pressemitteilung [14] zu lesen ist, läuft die Initiative unter dem Namen **'National Green Corps'** und zählt über 400 Schulen zu den Teilnehmern. Im Rahmen des Programms erhalten die Schulen finanzielle Unterstützung, um umweltbezogene Aktivitäten in ihrem **'School Eco Club'** anbieten zu können.

---

[13] Government of Goa (18.06.2019): Let Us All Join Hands to Make Goa Bhangrale Goem: Dr. Sawant [Press Release], goa.gov.in/know-goa/press-releases [Abgerufen am 01. Oktober 2019]

[14] Government of Goa (13.11.2018): School Eco Club Program, goa.gov.in/know-goa/press-releases [Abgerufen am 01. Oktober 2019]

## Agro Eco Tourism

Beim **Agro Eco Tourism** des 'ICAR-CCARI – Agro Tourism Centre' [15] in Old Goa handelt es sich um ein Projekt, das dazu einlädt über Bio-Landwirtschaft zu lernen und dabei auch selbst mit den Händen in der Erde zu wühlen. Der Besucher kann die Herstellung von Kompost mit Regenwürmern lernen, in die Imkerei eintauchen, sich mit Hühnern oder Hasen beschäftigen oder eine Kokospalme hinauf klettern. Auf dem Gelände gibt es auch einen interaktiven botanischen Garten, in dem die medizinische Wirkung lokaler Pflanzen erklärt wird. Ein wenig problematisch finde ich, dass wohl viel mit tierischer Landwirtschaft gearbeitet wird.
Das Projekt stellt sich außerdem in diesem **Video** vor – ein sehr 'indischer' erster Einblick in die lokale Bio-Landwirtschaft und insofern unbedingt sehenswert:

☞ goa-tourism.com/agro_tourism

## 500 neue Bio-Landwirtschaft-Projekte in Goa

Und beim Thema Bio-Landwirtschaft habe ich zum Abschluss noch eine richtig schöne Meldung gefunden! Hier [16] berichtet die Hindu Business Line, dass das Landwirtschaftsministerium **500 neue Bio-Landwirtschaft-Projekte** initiiert! Mit den Erzeugnissen soll sich Goa in der US-Biomarkt-Kette 'Whole Foods' als Marke etablieren. Über eine Vereinbarung mit einem israelischen Unternehmen beabsichtigt der Bundesstaat, sich die nötige Expertise ins Land zu holen und die Kosten im Bio-Anbau zu senken.

[15] Indian Council of Agricultural Research (ICAR) Central Coastal Agricultural Research Institute (CCARI): ICAR-CCARI Agro Eco-Tourism Centre, ccari.res.in/Agro%20Ecotourism, [Abgerufen am 01. Oktober 2019]

[16] The Hindu Business Line (2019): Goa sets up 500 clusters to promote organic farming, thehindubusinessline.com/news/national/goa-sets-up-500-clusters-to-promote-organic-farming/article25959726.ece [Abgerufen am 01. Oktober 2019]

# Beste Reisezeit und Monsun

Nach den letzten drei Kapiteln hast du nun schon recht viele Eindrücke von Goa erhalten – von seiner Geschichte, seiner Gegenwart und seiner Richtung für die Zukunft. Jetzt hast du auch schon eine etwas bessere Vorstellung davon, was dich erwartet. Zeit, dass wir uns mit ein paar ersten Überlegungen deinen **Reisevorbereitungen** widmen! Wo und wann soll's denn hingehen? Beginnen wir mit dem 'Wann'.

Die meisten Touristen besuchen Goa in der Zeit von **Dezember bis März**. In dieser Zeit ist das Klima am wärmsten und bestens für einen Strandurlaub geeignet. Das Tourismusgeschäft startet jedoch etwa im **Oktober** und die meisten Anbieter bleiben bis in den **Mai**. Danach werden die Strandhütten wieder abgebaut, der Großteil der Restaurants geschlossen und der Monsun kann kommen. Tatsächlich scheint sich die Hauptsaison etwas nach hinten zu verlagern, so dass der große Ansturm an Touristen erst zu den Feiertagen Ende Dezember erfolgt und sogar bis in den Januar hinein Betreiber noch mit dem Aufbau und der Eröffnung ihres Angebots beschäftigt sind. Wer also gern etwas weniger Trubel genießt, kann gut bis in den Dezember bleiben. Und selbst danach geht es in Goa vergleichsweise entspannt zu, wenn man europäische Destinationen gewohnt ist.

Zur Veranschaulichung: die Strände sind gesäumt von Bars und Restaurants, die alle Liegen zur Verfügung stellen. Doch obwohl die Nutzung kostenlos ist, sind immer **zahlreiche freie Plätze** in der Nähe – und kaum ein Besucher legt sich in den Sand. Der breite Strand wird vorwiegend für Spaziergänge oder auch eine Runde Yoga genutzt. Man hat also nie das Gefühl, eine Sardinenbüchse zu besiedeln. Und wie viel **Ruhe oder Party** man abbekommt, hängt letztlich auch vom Standort ab. Es gibt ausreichend Unterkünfte, die einen Rückzug in die friedliche Idylle der Kokospalmen ermöglichen. Aber auch wenn der südliche Teil des Bundesstaates im Vergleich zum Norden kein Rund-um-die-Uhr-Fest bietet, findet sich doch immer ein Café, das für den Abend Live-Musik auf dem Plan hat. Wem das nicht zusagt, der sollte sein Guesthouse entsprechend mit genügend Abstand wählen. Gegen 22 Uhr kehrt dann Ruhe ein, laut Vorschrift. Meistens wird diese auch eingehalten. Im 'Silent Noise' Club darf trotzdem mit Kopfhörern weitergefeiert werden (siehe 'Palolem').

Und wie ist **Goa im Monsun**? Ich habe es leider selbst noch nicht erlebt, gebe aber gerne weiter, was mir berichtet wurde. Zunächst: es regnet. Klar. Zwar nicht ununterbrochen, aber doch oft tagelang am Stück. Das hat aber auch zur Folge, dass die Natur sich wunderschön entfaltet und Goa in üppigem Grün erstrahlt. Wo man in der Trockenzeit nur Staub und abgemagerte Kühe sieht, macht sich nun der Dschungel breit und die Rinder geniessen ihr lang ersehntes Festmahl. Allgemein werden die Tiere des Dschungels aktiv und sichtbar. Die Wasserfälle schwellen an und bieten spektakuläre Aussichten. Manche bezeichnen dies als das wahre Goa und es muss bildschön sein. Den Strand sucht man dann allerdings nicht zum Baden auf. Das Meer ist viel zu rau. Und außerdem … ach ja, es regnet. Dadurch kann es auch vermehrt zu Problemen in der Infrastruktur kommen. Mit längeren Stromausfällen ist durchaus zu rechnen. Wer zuverlässig online arbeiten möchte wählt daher besser die Trockenzeit.

Im Monsun verirren sich nur **wenige internationale Touristen** nach Goa, wobei Inder gerne ihre Wochenenden hier verbringen. Der internationale Schleier verschwindet daher und die Gegend zeigt wieder ihr indisches Gesicht. Wer Kultur und Landsleute besser kennenlernen möchte hat im Monsun gute Karten. Auch zu essen gibt es fast nur noch Lokales. Es ist eine Zeit, in der man entdecken kann, was Goa außer seinen Stränden noch so zu bieten hat. Die Sonnenuntergänge überm Ozean sind durch den behangenen Himmel noch spektakulärer, die Gewürzplantagen üppiger und mit etwas Glück kann man das ein oder andere kulturelle Fest miterleben. Idealerweise genießt man den Monsun in einem kleineren Dorf etwas landeinwärts, um die Ruhe fern der Massen und die Natur, die jetzt am schönsten ist, in all ihren Facetten zu erleben.

## Feiertage und Feste

In Goa wird gerne gefeiert! Und es gibt zahlreiche Anlässe dazu.

**Januar: Heilige Drei Könige**
6. Januar. Christliches Fest mit Aufführungen und Märkten vor allem in Reis Magos, Cansaulim, Chandor, Quelim und Arrosim.

**Februar: Goa Carnival**
3 Tage vor der Fastenzeit. Farbenfrohe Paraden, Tanz, Masken, Aufführungen. Mischung aus katholischer und hinduistischer Tradition.

**Februar: Food and Cultural Festival of Goa**
5 Tage kulinarischen Genusses in der Hauptstadt Panaji. Kulturprogramm und Essensstände von Hausfrauen bis Sternechefköchen.

**März: Holi**
Anfang des Monats. Festival der Farben mit traditionellen Tänzen und Kulturprogramm.

**März: Shigmotsav**
Mitte des Monats, eine Woche lang. Frühjahrsfest. Das größte Hindu-Festival. Paraden und Tänze, jeden Tag in einer anderen Ortschaft.

**März / April: Karfreitag und Ostern**
Nach der Fastenzeit, Karfreitag bis Ostermontag. Christlich. Kreuzigung und Auferstehung Jesus.

**Juni: Sao Joao Festival am 24. Juni**
Fest zu Ehren Johannes des Täufers. Es wird gefeiert und ins Wasser gesprungen. Ursprünglich für neu-verheiratete Paare.

**August / September: Ganesh Chaturthi**
Fest zu Ehren Ganesh. Paraden. Es wird Dankbarkeit und alles Gute im Leben gefeiert.

**September: Dahi Handi**
Fest zu Ehren Krishnas. Sportliche besteigen menschliche Pyramiden, um einen Topf voll Joghurt zu erreichen.

**Oktober / November: Diwali**
Indisches Neujahr, Lichterfest. Hindus feiern den Sieg Krishnas über den Dämonen Naraka.

**Dezember: St. Francis Day**
3. Dezember. Zeremonie zu Ehren von Francisco de Xavier in der Basilica do Bom Jesus in Panaji, wo sein Reliquienschrein steht.

**Dezember: Weihnachten**
24. Dezember bis 1. Januar. Christliches Fest zur Geburt Jesus mit Kulturprogramm und Feuerwerken.

Mehr Infos und Aktuelles zu den Festen findest du unter:

☞ goaindiatourism.org/attractions-of-goa/goa-festivals.html

Little Ganesha Patnem

Agonda Beach

## Nord- oder Süd-Goa?

Nun also zum 'Wo?'. Grob gesagt gibt es zwei Seiten von Goa, die sich ein wenig unterscheiden: **den Norden und den Süden**. Ich will dir hier schon mal erklären, wo die Unterschiede liegen, damit du dich langsam an dein perfektes Reiseziel herantasten kannst. Richtig ins Detail geht es dann in den Kapiteln zu den einzelnen Ortschaften.

Bekannt ist Goa vor allem für den **nördlichen Teil**: Partys, Hippies, Märkte, Karneval ... rund um die Uhr ein buntes Treiben. Der Norden ist auch touristisch weiter entwickelt mit größeren Resorts und Hotelanlagen. Es gibt hier Gegenden, die im Monsun genauso gut besucht sind wie zur Trockenzeit – wenn auch von einem anderen Publikum, nämlich den inländischen Touristen.

Der **Süden** hat den Ruf ruhiger zu sein. Hier gibt es wenigere Partys, dafür viel Yoga und Ayurveda, unberührte Strände und insgesamt ist die Gegend weniger touristisch erschlossen und noch etwas 'indischer' – wenn auch 'Indien light' im Vergleich zu anderen Bundesstaaten. Es gibt ein unfassbar breites, abwechslungsreiches Angebot an fantastischem Essen, das ich besonders schätze. Ich würde **Süd-Goa für einen entspannten Aufenthalt**, zum Energie tanken, in herrlichem Klima, unter wunderbaren Menschen, zum Schlemmen und für Yoga sehr empfehlen. Verwöhnung und Wellness für Körper, Geist und Seele – auch mit geringem Budget. Wie gesagt, die 'Karibik für den kleinen Geldbeutel'.

Wobei Preise in Goa im Vergleich zu anderen Teilen Indiens zwei bis drei Mal höher sein können. Wer also erst monatelang das Land bereist und sich zum Schluss einen Wellness-Urlaub in Goa gönnen möchte, wird sein **Tagesbudget** nach oben justieren müssen. Bei der Anreise direkt aus westlichen Industrienationen wird man hingegen entzückt sein, wie viel man für seinen Euro, Franken, Dollar oder sein Pfund hier bekommt.

Auch wenn man vielleicht von den vielen Eindrücken einer Indienreise etwas überfordert sein sollte, den Sinnen eine Pause gönnen und das Erlebte erst einmal verdauen möchte, ist man in Goa richtig. Oder es eignet sich als **sanften Einstieg** für den Reisenden, der zum ersten Mal auf dem Subkontinent landet. Goa ist wie gesagt vergleichsweise sehr entspannt. Man wird hier in der Regel weder belästigt noch übers Ohr gehauen. Die Menschen machen einen sehr friedliebenden Eindruck, hilfsbereit, ehrlich und freundlich. Nicht, dass es in anderen Teilen Indiens nicht so wäre. Ich will damit nur sagen: man darf sich entspannen.

## Was kostet Goa?

Das lässt sich natürlich pauschal schwer sagen. Man kann low-budget unterwegs sein oder luxuriös. Mietet man sich eine Wohnung und kocht selbst oder lebt man in einer Strandhütte ohne Küche und isst ausschließlich auswärts? Nimmt man das günstigste Zimmer oder gönnt man sich einen gediegenen Aufenthalt? Besucht man Goa zur Hauptsaison oder zu einer günstigeren Zeit? Braucht man ein großes **Budget** für Ausflüge oder genießt man vorwiegend die kostenlosen Angebote? Fährt man viel mit dem Taxi, mietet man sich einen Skooter oder bleibt man an einem Ort? Zudem ändern sich Preise natürlich auch.

Aktuell entsprechen **INR 100 ca. EUR 1,25**.
Den Tageskurs kannst du zum Beispiel in Google aufrufen, indem du in das Suchfeld eingibst: "INR in EUR" [17].

[17] Google-Suche "INR in EUR": google.de/search

Ich werde versuchen an relevanten Stellen Richtwerte anzugeben. Als Hilfestellung kann ich noch **meine Ausgaben** im Dezember 2018 / Januar 2019 mit dir teilen, damit du eine bessere Vorstellung der Kosten bekommst. Ich habe meinen Aufenthalt also möglichst günstig gestaltet. Wobei die günstigste Option eine Wohnung für zwei Monate gewesen wäre. Weil ich mir aber verschiedene Gegenden genauer ansehen wollte, habe ich die Variante Guesthouses gewählt und bin jede Woche mindestens ein Mal umgezogen. Für das Zimmer, das man auch zu zweit hätte bewohnen können, habe ich meistens zwischen INR 1.000 und 1.500 pro Nacht gezahlt. Die Unterkünfte waren einfach, aber bis auf eine alle in Ordnung bis sehr nett. Es waren Zimmer in soliden Gebäuden und Strandhütten dabei. Damit wären wir also bei grob EUR 500 pro Monat – die man sich auch zu zweit teilen könnte. Oder man bleibt bei diesem Pro-Kopf-Budget und gönnt sich zu zweit ein luxuriöseres Zimmer. Im Übrigen findet man vor Ort auch Zimmer für INR 500 oder 700 pro Nacht, die nicht im Internet gelistet sind. Das ist definitiv eine Option! Einfach hinfliegen, die Straßen ablaufen und auf die entsprechenden Schilder achten. Für mich war es für die Organisation nur praktischer per Mausklick zu buchen. Für INR 2.000 bis 3.000 bekommt man schon richtig schöne Zimmer, die vermutlich den meisten Reisenden zusagen, und nach oben gibt es wie immer keine Grenze.

Gegessen habe ich nur auswärts, da ich nie eine Küche hatte. Ich esse zwei **Mahlzeiten** am Tag und habe meistens eine davon günstig indisch gestaltet für INR 200 bis 300, die andere ein bisschen geschlemmt, etwa zum doppelten Preis. Obst kann man sich sehr günstig für wenige Rupees holen, selbst eine frische Kokosnuss kostet nur INR 40 bis 50. Ansonsten habe ich kaum Geld ausgegeben. Mal ein Moskitospray für unter INR 200 oder ein paar Knabbernüsse für INR 50. Durch meine wöchentlichen Umzüge musste ich auch zwischendurch kaum ein Tuktuk (auch genannt 'rickshaw', die kleinen dreirädrigen Taxis) nehmen, sondern konnte alles unterwegs zur nächsten Unterkunft oder im

Dorf wo ich war erledigen. Mit INR 1.000 pro Tag bin ich so also gut zurechtgekommen. Ich habe allerdings keinen klassischen Urlaub gemacht, sondern einen ganz normalen Alltag gelebt. Wenn man jetzt nur zwei Wochen da wäre und es krachen lassen möchte, kann man natürlich ein Vielfaches von meinem Budget auf den Kopf hauen.

Auch für **Ausflüge** müsste man noch extra Geld auf die Seite legen. Zum Beispiel kann man mit dem Zug oder Bus für ca. INR 150 hin und zurück nach Old Goa fahren und sich dort umsehen. Oder die gleiche Tour mit einem Taxifahrer für etwa INR 2.500 planen. Für Attraktionen wie Gewürzfarmen zahlt man natürlich zusätzlich Eintritt, der berücksichtigt werden muss.

Yogastunden kosten meistens INR 400 bis 500 für 90 Minuten. Bei 5er-Karten gibt es oft ein Training kostenlos. Eventuelle Ayurveda-Behandlungen, Massagen oder Spa-Besuche erhöhen den Budgetbedarf natürlich ebenso. Einkäufe hingegen fallen nicht so sehr ins Gewicht, es sei denn man shoppt gerne in Luxus-Boutiquen. Aber ich vermute, dann interessiert dich das Tagesbudget ohnehin nicht ☺. Die typischen Goa-Hosen, Kleidchen oder Shirts gibt es schon für wenige Hundert Rupees.

Für die Miete eines **Skooters** kann man mit ca. INR 350 pro Tag rechnen. Umso länger die Anmietung, umso geringer der Tagespreis. Eine Tuktuk-Fahrt im Dorf kostet INR 100. Von einem Dorf zum nächsten zahlt man grob INR 400 bis 800, je nach Distanz. Taxis sind etwas teurer.

# Sicherheit

Wenn man sich direkt in den Strandstädtchen, den **Touri-Zentren** aufhält, bewegt man sich innerhalb einer Seifenblase im Regenbogenland. Hier genießt man ein kleines Stückchen heile Welt, das mit der Realität der umliegenden Regionen wenig zu tun hat. Wenn man sich mit gesundem Menschenverstand anpasst und vernünftig verhält, kann man sich selbst als alleinreisende Frau sicher und frei bewegen.

Damit meine ich, dass man die örtlichen Konventionen respektiert und **unauffällig untermischt**. Auch wenn Goaner von den Touristen sicher einiges gewohnt sind, würde ich mich nicht zu freizügig kleiden. In Restaurants sollte man sich immer respektvoll bedecken. Nur im Bikini aufzutauchen ist weder appetitlich noch rücksichtsvoll. Wenn man das Stranddorf verlässt, zum Beispiel um Besorgungen in Chaudi zu machen, sollte man sich erinnern, dass man nicht mehr im Regenbogenland ist. Dann darf es statt der kürzesten Shorts auch mal eine luftig lange Hose sein, und ein T-Shirt, das die Schultern bedeckt.

Und natürlich gelten die Grundregeln wie überall sonst auf der Welt. Weder auffällig reich aussehen, noch sich so verhalten. Unauffällig untermischen und sich versuchen optisch sowie im Benehmen dem **lokalen Vorbild** ein wenig anzupassen. Den Menschen stets freundlich, bescheiden und respektvoll begegnen. Nie vergessen, dass man Gast in diesem Land ist. Und immer auf die Locals hören. Wenn einem geraten wird, diese oder jene Gegend zu meiden oder sich so oder so zu verhalten, dann hält man sich dran.

Besorge dir als Sicherheitsvorkehrung eine **örtliche SIM-Karte** und trage dein Handy bei dir. Stelle sicher, dass du immer Zugriff auf Landkarten und deinen **Standort** hast, am besten auch offline.

Nutze eventuell auch einen **Tracker** ecoco.bio/trackimoguardian oder eine Tracking-App, deren Daten du mit Freunden und Familie teilen kannst. Mehr über meine Tracker-Recherchen und mit welchem Gerät und welcher App ich unterwegs bin findest du auch auf meinem Blog:

☞ ecoco.bio/tracker

In meiner Erfahrung kann man sich so sehr 'normal' in Goa bewegen. Ich trage keinen versteckten Geldgürtel. Aber hänge mir auch keine teure Kamera um den Hals. Ich bin nicht in teuren Markenklamotten unterwegs und habe mir auch ein paar nette, günstige Teile von den örtlichen Lädchen gegönnt, mit denen man prima ins Bild passt. Ich bin nachts nicht alleine unterwegs, schon gar nicht in verlassenen Gegenden oder mit protziger Ausstattung. Aber nachdem ich viele Jahre in Südafrika verbracht habe, ist mir in Goa ganz besonders aufgefallen, wie friedlich es ist und wie sicher man sich fühlt. Ich denke, wer **mit gesundem Menschenverstand** unterwegs ist, braucht sich keine Sorgen zu machen.

Ein Hinweis aber noch für Nachteulen: auf Partys sind bekannterweise Drogen im Umlauf und es gibt zahlreiche Berichte von Opfern, denen **KO-Tropfen** oder Anderes in Getränke gemischt wurden. Man sollte also nichts von Fremden annehmen und sein Getränk nicht aus den Augen lassen. Es gibt jedes Jahr Vorfälle und es sind Täter vor Ort, die die Gegend gut kennen und nach leichter Beute Ausschau halten. Vor allem Frauen sollten nicht alleine feiern gehen oder sich mit Männern oder allgemein Menschen betrinken, die sie nicht gut kennen. Drogen sind auch in Goa illegal, am besten lässt man die Finger davon. Und Vorsicht vor alkoholisierten Fahrern! Man sollte nachts nicht zu Fuss unterwegs sein und an Tagen von großen Festen besser auch nicht mit einem Fahrzeug. Taxifahrer sind allgemein vertrauenswürdig, es wäre aber auch nicht ratsam mitten in der

Nacht an einem verlassenen Ort einen Streit mit ihnen über den Preis anzufangen.

Auch gelten in Goa andere Regeln bei Begegnungen mit uniformierten Beamten. Es sind Fälle bekannt, in denen **Polizisten** Vorwürfe erfunden haben, um dann ein Freilassungsgeld zu erpressen. Im Allgemeinen sind Polizisten hier sicher gute Menschen, die ihre Pflicht darin sehen, ihre Mitbürger zu schützen. Man sollte nur auf dem Schirm haben, dass in anderen Ländern auch mal andere Sitten an den Tag treten können.

## Notfallnummern

Wenn ich in ein neues Land reise, lege ich mir einen Kontakt auf meinem Smartphone an, in diesem Fall **'Indien SOS'**. Darunter speichere ich Notfallnummern, damit ich sie im Falle des Falles griffbereit hätte.

Seit September 2019 gilt in Goa eine generelle Notfallnummer für alle Dienste [18], statt wie zuvor separate Nummern für Feuerwehr, Polizei oder Krankenwagen. Diese ist die **Notfallnummer 112**.

Weitere hilfreiche Nummern, zum Beispiel von Krankenhäusern, Tourismus-Büros, Bahnhöfen oder diversen Beratungsstellen, sind auf der Seite von **Indian Helpline** gelistet:

☞ indianhelpline.com/GOA

Die **Landesvorwahl** für Indien ist übrigens **+91**.

[18] The Times of India (2019): Goa : Universal helpline '112' is launch-ready, timesofindia.indiatimes.com/city/goa/goa-universal-helpline-112-is-launch-ready/articleshow/71143320.cms [Abgerufen am 01. Oktober 2019]

# REISE-VORBEREITUNGEN

## Flüge

Bevor wir zu den Tipps bezüglich den Flügen und dem Flughafen in Goa kommen, möchte ich noch einen **Denkanstoß zum Fliegen** im Allgemeinen einschieben.

### Flugscham und CO2-Ausstoss

In unserer modernen Gesellschaft haben wir uns in den jüngsten Jahrzehnten daran gewöhnt zu fliegen. Wann wir möchten, wohin wir möchten und zu stetig fallenden Preisen. Heute werden etwa **50 Prozent mehr Flüge durchgeführt als noch vor einem Jahrzehnt**. Jedem dürfte bekannt sein, dass dies negative Auswirkungen auf unsere Umwelt hat, also auf unseren eigenen Lebensraum.

Es gibt schlaue Berechnungen, die aufzeigen wie hoch der CO2-Ausstoss eines einzelnen Menschen pro Jahr sein dürfte. Dieses **klimaverträgliche Jahresbudget liegt etwa bei 2300 kg CO2**.

Einer der größten Klimasünder ist jedoch das Fliegen. Nur ein einziger Langstreckenflug verbraucht unser komplettes Jahreskontingent. **Ein fiktiver Flug von Frankfurt nach Goa schlägt sogar mit etwa 3500 kg zu Buche** – auf nur einer Strecke, ohne Rückflug! Je nach Flugzeugmodell variieren die Zahlen etwas, aber ich denke, das grundsätzliche Ausmaß der Zerstörung ist deutlich.

Es wird also Zeit, dass wir unsere **Reisegewohnheiten überdenken**. Und vor allem auch, dass wir Verantwortung übernehmen für den Schaden, den wir persönlich anrichten. Entweder wir hören auf zu fliegen und gestalten unsere Reise weniger zerstörerisch, oder wir müssen etwas tun, um die nachteiligen Auswirkungen wieder gut zu machen.

Ich bin selbst natürlich ebenso schuldig und bin vor allem früher sehr gerne geflogen. Natürlich wurde auch meine Reise nach Goa nicht mit einem Spaziergang oder einer Bahnreise nach Asien eingeläutet, sondern mit einem **Interkontinental-Flug**. Und ich muss gestehen, obwohl ich natürlich eigentlich wusste, dass Fliegen für unsere Umwelt 'nicht so toll' ist, hat es lange nicht so richtig 'klick' gemacht.

Erst wie sich nun die Flugscham ausbreitet, habe ich mich mit dem Thema richtig bewusst auseinandergesetzt. Und ich muss einsehen, dass ich in Zukunft bei der Wahl meiner Transportmittel sehr viel vorsichtiger und bewusster vorgehen muss. Auch auf diesem Gebiet ist es so weit gekommen, dass das, was sich in unserer Gesellschaft als 'normal' etabliert hat, alles andere als gut ist. Das scheint ein Muster zu werden. Wir sollten es uns zur Gewohnheit machen, **nichts als 'normal' anzunehmen** und alles zu überprüfen. Das ist einfach eine Notwendigkeit der Zeit in der wir leben. Ich möchte sagen, ein notwendiges 'Survival Skill', also eine Fähigkeit, die man als moderner Mensch im 21. Jahrhundert haben muss, wenn man – gut, lange und gesund – überleben möchte. Und auch anderen nicht schaden möchte. Man muss erkennen, dass es Alternativen gibt. Und dass diese meist besser sind.

In unserem **Podcast 'Vmail Für Dich'** haben meine Freundin Christine Volm und ich Folge 59 diesem Thema gewidmet und auch interessante Daten und Fakten dazu recherchiert. Vielleicht magst du ja mal reinhören!

☞ ecoco.bio/vmail-fuer-dich-podcast-59

Also, unterm Strich muss man im Jahr 2019 ganz klar sagen: **jeder Flug ist zu viel und am besten sollten wir gar nicht mehr fliegen**. Zumindest bis uns eine CO2-neutrale und auch sonst umweltfreundliche Technik für die Luftfahrt zur Verfügung steht. Das kann noch eine Weile dauern. Bis dahin bleibt uns nur, unsere Reiseplanung anzupassen.

Und wenn es doch mal ein Flug sein soll, müsste es zur **Selbstverständlichkeit** werden, die negativen Auswirkungen soweit möglich zu 'neutralisieren'. Denn tatsächlich wird diese Option uns Verbrauchern ganz einfach gemacht!

Es gibt inzwischen mehrere vertrauenswürdige Webseiten, über die man ganz unkompliziert den **CO2-Ausstoss der Reise berechnen und per Mausklick kompensieren** kann. Man bezahlt dann zum Beispiel dafür, dass Bäume gepflanzt werden, die das ausgestoßene CO2 wieder einfangen, oder investiert in alternative Energien. Diese Kompensation müsste eigentlich Standard sein und zu unserer normalen Reiseplanung einfach dazugehören, im Reisebudget ein ganz selbstverständlicher Posten sein.

Laut Bundesverband der deutschen Luftverkehrswirtschaft (BDL) [19] werden die **Fluggesellschaften den CO2-**Ausgleich zumindest für das Wachstum im Sektor ab 2020 für uns übernehmen. Das bedeutet, "damit werden die Kohlendioxid-Emissionen des Luftverkehrs in Europa auf die Emissionen des Jahres 2005 begrenzt". Jegliches Wachstum darüber hinaus wird kompensiert. Durch weitere Initiativen soll dann erreicht werden, dass "bis 2050 gegenüber dem Jahr 2005 die netto-CO2-Emissionen der Luftfahrt um 50 Prozent sinken". Ich gehe davon

[19] Bundesverband der deutschen Luftverkehrswirtschaft (BDL): Klimaschutzportal, klimaschutz-portal.aero/klimakiller-nr-1 [Abgerufen am 01. Oktober 2019]

aus, dass sich dies im Flugpreis spiegeln wird. Daher bin ich gespannt, ob die Pläne tatsächlich so umgesetzt werden.

Bis es tatsächlich Realität ist, dass wir klimaneutral fliegen, möchte ich dir ans Herz legen, **deinen CO2-Ausgleich selbst in die Hand zu nehmen und einfach gleich mit der Flugbuchung** zu erledigen. Dazu kann ich dir zum Beispiel folgende Seiten empfehlen:

☞ atmosfair.de
☞ myclimate.org/de
☞ klima-kollekte.de

Eine gute Nachricht: so teuer wie ich erwartet hatte, war der CO2-Ausgleich gar nicht! Vielleicht wirst du ebenso überrascht sein! Und wenn man bedenkt, was man insgesamt für eine solche Reise ausgibt, ist der CO2-Ausgleich eigentlich eher ein **kleiner Posten in der Reiseplanung**. Eigentlich gibt es keine Ausrede, nicht zu kompensieren.

Da das nun organisiert ist und wir (mehr oder weniger) guten Gewissens nach Goa fliegen können, widmen wir uns den Infos zum Flughafen und deiner Flugbuchung.

Cola Beach nahe Agonda

## Flughafen Goa

Es gibt in Goa genau einen internationalen Flughafen: **Dabolim**, auch bekannt als **Goa International Airport**. Der IATA-Code lautet **GOI**. Die Webseite des Flughafens findet man unter dieser URL:

☞ goanairport.com

Um den steigenden Besucherzahlen gerecht zu werden, soll bis 2020 ein neuer Flughafen in **Mopa** eröffnet werden. Großprojekte verzögern sich ja auch gerne mal, aber halte ruhig Augen und Ohren auf, falls dieser Flughafen für deine Reise günstiger gelegen sein sollte. Dabolim liegt allerdings bereits sehr praktisch etwa in der Mitte von Goa und ist daher für alle Ziele in Goa ein guter Ausgangspunkt.

Es gibt nur **wenige internationale Flüge** nach Goa. Die meisten Flieger kommen aus anderen indischen Städten hier an. Die einzigen Direktflüge aus Richtung Westen nach Goa starten aktuell ab Tel Aviv mit Arkia, Doha mit Qatar, Dubai mit Air Arabia, Kuweit mit Air India und Muscat mit Oman Air. Die Flugpläne ändern sich jedoch regelmäßig, also schau' ruhig, ob es nicht zufällig eine neue Verbindung gibt. Bis letzte Saison gab es zum Beispiel noch Direktflüge aus Europa von Charter-Airlines ab England sowie Linienflüge mit Finnair aus Helsinki. Diese Verbindungen sind jedoch gestrichen worden oder durch die jüngsten Insolvenzen vom Flugplan verschwunden. Daher wird dein Flug wahrscheinlich über **Mumbai oder Delhi** gehen. Auch die arabischen Hubs eignen sich gut für einen Zwischenstopp, da aus Europa gute Verbindungen zu diesen Flughäfen angeboten werden.

Wenn du über einen anderen indischen Flughafen ins Land kommst und einen Anschlussflug nach Goa hast, kann es sein, dass du das **Terminal wechseln** musst. Achte einfach auf die Infos vor Ort. Möglicherweise musst du auch dein **Gepäck holen und**

**neu einchecken**. Vermutlich begrenzt sich dein Aufenthalt im Flughafen aber auf den **Transitbereich**, so dass du erst in Goa durch die Einreisekontrolle gehst und hier dein Visum in den Pass gestempelt bekommst. Dazu gleich mehr.

Plane auf jeden Fall ausreichend Zeit zwischen den Flügen ein, damit du deinen Anschluss nicht verpasst. Es kann auch immer mal zu Verspätungen beim ersten Streckenabschnitt kommen. **Drei Stunden Aufenthalt im indischen Hub** sollten aber genügen. Im nächsten Kapitel habe ich auch einen Tipp für dich, wie du buchst, damit du nicht selbst das Risiko einer verpassten Verbindung übernehmen musst – auch wenn deine Teilstrecken von verschiedenen Airlines bedient werden.

*Veg Thali im Dosa & Thali House Agonda*

Mit dem Thema Flugbuchung habe ich mich über die Jahre wirklich intensiv beschäftigt, verschiedene Strategien und Plattformen ausprobiert und die besten Tipps von Profis in der Reisebranche gesammelt. Dazu könnte man ein eigenes Buch schreiben. Du willst aber vermutlich gar nicht so viel wissen, sondern einfach die beste, schnellste Lösung finden – und die bekommst du! Denn für die **Flugbuchung** möchte ich dir **Kiwi.com** empfehlen:

☞ ecoco.bio/kiwigoa

Nur so viel zur Erläuterung: die meisten **Suchmaschinen** greifen auf ein und dasselbe zentrale Datensystem zurück und können dort nur Teilstrecken kombinieren, die offiziell als Kooperationen markiert sind. Die Suchmaschine von **Kiwi funktioniert etwas anders** als die Konkurrenz, indem sie Verbindungen auch berücksichtigt, wenn die Fluggesellschaften keine offizielle Zusammenarbeit auf der Route vereinbart haben. So hat Kiwi eine größere Auswahl und kann oft bessere und günstigere Verbindungen für dich heraussuchen.

Der besondere Vorteil dabei ist, dass das Unternehmen sogar eine **Garantie** bietet. Diese deckt auch das Risiko, falls du durch die Verspätung eines Fluges auf einer Teilstrecke den Anschlussflug verpassen solltest, auch wenn die einzelnen Flüge verschiedene Ticketnummern haben. Das bedeutet, auch wenn eine Route aus verschiedenen Tickets zusammengesetzt wird, garantiert Kiwi den Weiterflug – sollte man ihn verpassen, kommt Kiwi für die entstandenen Kosten auf. Von solchen Problemen wollen wir natürlich nicht ausgehen, aber somit hast du schon eine Sorge weniger. Auf der Webseite von Kiwi findest du weitere Infos zur Garantie. Prüfe diese am besten selbst bevor du buchst.

Für die **Flugsuche** hat Kiwi sehr praktische Funktionen wie die **Umkreis-Suche**. Hierzu gibst du einen Ort ein und klickst ihn auf der Karte an, um den Radius zu erweitern. Oder du kannst "**kein bestimmtes Ziel**" als Zielort eingeben, um die günstigsten Flüge ab deinem Startpunkt zu entdecken. Auch ist es möglich, mit nur einer Suche **mehrere Flughäfen oder Zielorte** gleichzeitig zu prüfen. So kannst du zum Beispiel "Deutschland, Österreich, Schweiz" zusammen eingeben, oder "Stuttgart, München, Frankfurt", und musst diese nicht einzeln prüfen. Die Suchmaschine hat auch eine relativ neue Suchoption namens **Nomad**. Hiermit können Flugrouten aus günstigen Teilrouten zusammengesetzt werden. Nomad kombiniert die Zielorte, um die günstigste mögliche Reiseroute zu finden.

Und wenn du deinen perfekten Flug gefunden hast, dann vergiss' wie gesagt nicht, noch schnell den **CO2-Ausstoss** zu kompensieren. Zum Beispiel über eine der oben genannten Webseiten. ☺

## Indian e-Visa

**Offizielle Webseite für das indische e-Visum:**

☞ indianvisaonline.gov.in/evisa/tvoa.html

Mit den Pässen vieler Länder kann ein unkompliziertes **e-Visum** für Indien beantragt werden, das einen Aufenthalt für **30 Tage, 1 Jahr oder 5 Jahre mit mehrfacher Ein-/Ausreise** ermöglicht. Bei meinem Visum betrug die Aufenthaltsdauer noch 60 statt 30 Tage – das scheint sich geändert zu haben. Da solche Änderungen jederzeit möglich sind, solltest du die aktuellen Konditionen auf der Webseite prüfen. Außerdem muss dein Pass noch mindestens 6 Monate gültig sein.

Laut offiziellen Angaben wird der **Visa-Antrag innerhalb 3 Tagen** bearbeitet – sicherheitshalber sollte man ihn jedoch nicht zu knapp stellen. Es kann immer mal vorkommen, dass Rückfragen notwendig sind oder beim Antrag ein Fehler gemacht wird. Auch die Bezahlung online scheint regelmäßig Probleme zu bereiten.

Allerdings will ich dir die Sorgen um die Antragstellung etwas nehmen. Ich hatte trotz aller Schreckensgeschichten und Warnungen, die ich zuvor gelesen hatte, überhaupt keine Probleme. Die Zahlung ging beim ersten Versuch durch und das e-Visum war sogar schon nach 2 Tagen im **E-Mail-Postfach**. Aber Achtung, unsere indischen Freunde drücken sich manchmal etwas missverständlich aus, deswegen folgen nun die wichtigsten Tipps zum e-Visa-Antrag, damit er auch für dich ohne Probleme über die Bühne geht.

Klicke im Menü auf '**e-Visa Application**' bzw. 'Apply here for e-Visa', um einen Antrag auszufüllen. Die Felder erklären sich eigentlich von selbst – aber sei darauf gefasst, dass **sehr viele Informationen** abgefragt werden! Zum Beispiel auch der Geburtsort der Eltern oder alle Länder, die in den vergangenen 10 Jahren bereist wurden. Außerdem brauchst du ein eingescanntes Passbild und ein Scan deines Reisepasses.

Ein wichtiger Hinweis zu den **Zahlungsoptionen**: es werden zwei Banken zur Auswahl angeboten und das Internet ist voll von Berichten über Zahlungsprobleme. Angeblich soll die '**Axis Bank**' die höhere Erfolgsrate für europäische Zahlungsmittel aufweisen. Ich kann bestätigen, dass für mich die Zahlung damit problemlos durchging. Und ja, das **e-Visum kostet ca. USD 80** – eine Info, die auf der offiziellen Webseite gut versteckt ist.

Zu guter Letzt: du bekommst eine E-Mail mit der Aufforderung das **e-Visum auszudrucken** – und wenn sich der Text nicht geändert hat, liest es sich als solle man die E-Mail ausdrucken. Wir mussten schon beim Borden des Flugzeugs in Deutschland das e-Visum vorzeigen und zahlreiche Mitreisende hatten Probleme, weil sie nur die E-Mail ausgedruckt hatten. Damit es dir nicht ebenso ergeht, kommt hier der 'Trick' – bzw. die Erklärung, was die E-Mail dir eigentlich sagen will: auf der e-Visa-Webseite gibt es einen Punkt im Menü, der lautet 'Check e-Visa Status'. Anklicken. Dort gibst du die Visa-Nummer ein. Damit bekommst du ein ordentliches PDF zum Download, das schon mehr nach einem offiziellen Dokument aussieht. ☺

Für alle Visa, die nicht über das e-Visa-System angeboten werden, musst du die **Botschaft** kontaktieren. Nähere Infos dazu findest du beim **Auswärtigen Amt**:

☞ auswaertiges-amt.de/de/ReiseUndSicherheit

## Nachweis eines Weiterflugs

An verschiedenen Stellen wird darauf hingewiesen, dass ein **Nachweis für den Abflug aus Indien** nach dem Aufenthalt schon bei der Einreise vorgelegt werden muss. Einige Indien-Reisende haben mir bestätigt, dass sie tatsächlich danach gefragt wurden. Eingereist waren sie allerdings über größere Flughäfen. Bei unserer Einreise in Goa hat niemand nach dem zukünftigen Abflug gefragt. Sicherheitshalber macht es jedoch Sinn, ein entsprechendes Dokument bei sich zu tragen.

Falls du noch nicht weißt, wann oder wohin du weiterreist, gibt es verschiedene Möglichkeiten, trotzdem einen Abflug vorzulegen. Klassisch: eine stornierbare Reservierung von einem Reiseportal wie Expedia. Unkompliziert: über einen Service wie Nomadproof kostenlos eine Flugverbindung abfragen und ausdrucken.

☞ nomadproof.co

# Gesundheit

Empfehlungen zu Impfungen und Vorsorge veröffentlicht das **Auswärtige Amt** in seinen Reise- und Sicherheitshinweisen:

☞ auswaertiges-amt.de/de/aussenpolitik/laender/indien-node

Zusätzlich solltest du dich vom Arzt deines Vertrauens beraten lassen.

## Krankheiten, Impfungen und Hygiene

Zu beachten gilt: falls man vorhat mit Tieren zu arbeiten oder zu spielen, sollte man sich vor allem bezüglich **Tollwut** Rat holen. Leider ist diese Krankheit unter den streunenden Hunden verbreitet. **Malariavorsorge** ist laut WHO für Goa nicht notwendig. **Dengue-Fieber** hingegen ist ein Risiko. Hiervor kann man sich allerdings nur schützen indem man die Moskitos fernhält.

Was unterschätzt wird ist die schlichte **Erkältung**! Überall laufen Ventilatoren oder Klimaanlagen auf höchster Stufe und man muss sich in Acht nehmen, keinen Schnupfen zu bekommen! Auch kann es in den Strandhütten nachts überraschend frisch werden – warm einpacken! Sollte es dich doch erwischen, lass' dir die 'Ginger Lemon Teas' (Ingwer-Zitrone-Tee) aus frischen Zutaten schmecken! Die gibt es hier praktisch in jedem Restaurant.

Abgesehen davon ist die größte Herausforderung mit Sicherheit die **Hygiene** bzw. Vertrauen in Restaurants und Mitarbeiter, dass einfache Hygieneregeln eingehalten werden. Einen guten Tipp hierzu habe ich bekommen: prüfe zunächst, ob es auf der **Toilette Handseife** gibt – wenn ja, steht wahrscheinlich auch in der Küche Seife ☺ Wenn nicht … nun ja … überlege dir, ob du wirklich dort essen möchtest.

Das bringt mich zum nächsten Punkt: oft wird dem Essen die Schuld für Erkrankungen zugeschoben. Eine häufige Ursache sind jedoch auch die **Erreger an den Händen**, die man so über den Tag einsammelt – und in Indien wird traditionell mit den Händen gegessen. Man sollte sie also gründlichst reinigen bevor man sich zu Tisch begibt! Vor jedem Essen!

Außerdem reduziert man die Gefahr einer Erkrankung bereits damit, tierische Produkte zu meiden. Zum einen stecken wie auch bei uns im Westen die meisten **Erreger und Parasiten in Fleisch** und Eiern. Ja, tatsächlich: weil die Hühner so krank sind und unhygienisch gehalten werden, macht das Hühnerfleisch die Küche auch im Westen zum verseuchtesten Ort im Haus! Es wäre sicherer von der Toilette zu essen als vom Schneidebrett .... (Greger, 2016, Kapitel 5: Infektionen überlisten [20]) Als Veganer umgeht man also bereits die vielleicht größte Gefahrenquelle und tut sich auch aus dieser Perspektive etwas Gutes.

Zum anderen ist Indien kein Land, das traditionell viel Fleisch verarbeitet und darauf eingestellt ist. Ich bezweifle, dass das Personal immer ausreichende Kenntnisse über die hygienische Handhabung von tierischen Produkten hat, um ein sicheres Gericht zu garantieren. Was außerdem vielen Reisenden nicht klar ist: es gibt keine zuverlässige **Kühlkette**! Ständige Stromausfälle und tropische Außentemperaturen lassen unwillkommene Gäste in den Lebensmitteln prächtig gedeihen. Wenn die Produkte nicht ohnehin an Ständen im Freien angeboten werden, ungeschützt vor der Sommerhitze, und den ganzen Tag dort in der Sonne schmoren.

---

[20] Dr. Greger, M., 2016. How Not to Die: Entdecken Sie Nahrungsmittel, die Ihr Leben verlängern – und bewiesenermaßen Krankheiten vorbeugen und heilen. 1. deutsche Auflage. Kandern: Unimedica / Narayana Verlag. Im ecoco Wiki: ecoco.bio/wiki/how-not-to-die-michael-greger-2016

Wer also im Urlaub gesund bleiben möchte, erhöht die Wahrscheinlichkeit eines Erfolgs immens, indem er oder sie sich **rein pflanzlich** bewirten lässt. Idealerweise in Restaurants, die ausschließlich pflanzliche Zutaten verarbeiten. Denn wenn auf dem Schneidebrett eben noch ein Huhn zerstückelt wurde und danach der Brokkoli dran kommt … suboptimal. Allein durch das Waschen des Hühnerfleischs werden die Bakterien in der Küche schön verteilt und schaffen neue Gefahrenherde. Vegane Restaurants sind aber leider noch rare Fundstücke.

Was schön ist, ist dass in Indien immerhin vorwiegend vegetarisch gegessen wird. Meistens werden die Karten unterteilt in **'veg' und 'non-veg'** und die Restaurants und Cafés schreiben bereits außen deutlich sichtbar an, wenn sie auch 'non-veg' anzubieten zu haben! Mehr dazu im Kapitel über das Essen. Mjam … ☺

*Hausgemachter Kombucha im Café La Boheme Agonda*

Ein Tipp von den Locals: Wir Westler sollen uns nach Ankunft möglichst schnell mit den **örtlichen 'guten' Bakterien impfen**, damit diese uns beim Kampf gegen die lokalen 'fiesen' Bazillen helfen können! Empfohlen wurde mir, hierzu vom örtlichen hausgemachten Joghurt ('curd') ein Schälchen zu essen. Als Veganer natürlich blöd. Aber der Gedanke, der dahinter steckt ist eine richtig gute Idee! Denn theoretisch könnte man sein Immunsystem und den Darm versuchen lokal anzupassen und so gegen mögliche Attacken wappnen. Wie gesagt, das ist kein ärztlicher Rat, nur Inspiration. Wer Kuhmilch-Joghurt nicht runter bringt (da zähle ich mich dazu), könnte auch nach anderen frisch fermentierten Produkten Ausschau halten. So lange sie frisch sind und nicht erhitzt wurden, sollten sie das örtliche 'Ökosystem' in Kleinformat enthalten und unserem Körper zur Verfügung stellen, was er für die Anpassung braucht. Im **Cafe La Boheme in Agonda** (ehemals Patcha Mamma) gibt es zum Beispiel selbstgemachten Kombucha und Sauerkraut – das ist doch einen Versuch wert!

Im Übrigen schätze ich persönlich die Lage so ein, dass Urlaubserkrankungen nicht unbedingt darauf zurückzuführen sind, dass die Mikroben in fernen Ländern immer so furchtbar 'böse' sind. Ich glaube einen großen Beitrag leistet auch die Tatsache, dass unsere Gesundheit im Westen zu wünschen übrig lässt. Also, dass **unsere Därme beschädigt und unsere Immunsysteme geschwächt** sind, durch unsere in den jüngsten Jahrzehnten so stark veränderten Lebensumstände. Wir kommen mit einer neuen Umgebung und fremden Mikroben einfach nicht mehr so gut klar wie wir sollten ... wie die Natur es eigentlich für uns vorgesehen hatte.

Für die beste Reisevorbereitung halte ich daher eine **Stärkung des Darms und des Immunsystems**! Den Einstieg findest du zum

Beispiel über Bücher zum Thema **Mikrobiom und Effektive Mikroorganismen (EM)**. Meine liebsten Titel zum Thema sind in unserem ecoco Wiki gelistet, in der Kategorie ‘Inspiration + Wissen’. Für den Start würde ich eine Einführung zu EM empfehlen, zum Beispiel von Dr. Anne Katharina Zschocke. Richtig nett zu lesen ist auch die Geschichte zur Entdeckung und den bisherigen Erfahrungen mit EM vom Entdecker selbst Prof. Teruo Higa. Eine schöne Einführung in unser Mikrobiom bietet Dr. Robynne Chutkan.

☞ ecoco.bio/mikrobiom

Außerdem hatten wir neulich auch eine **Podcast-Folge** zu Bakterien, Gesundheit und Reisen. Meine Podcast-Freundin Dr. Christine Volm war auf ein besonderes Bakterium gestoßen und hatte sich daraufhin einige interessante Gedanken gemacht… Das Gespräch führen wir in späteren Folgen weiter. Aber hör' doch mal rein in Folge 63:

☞ ecoco.bio/podcast

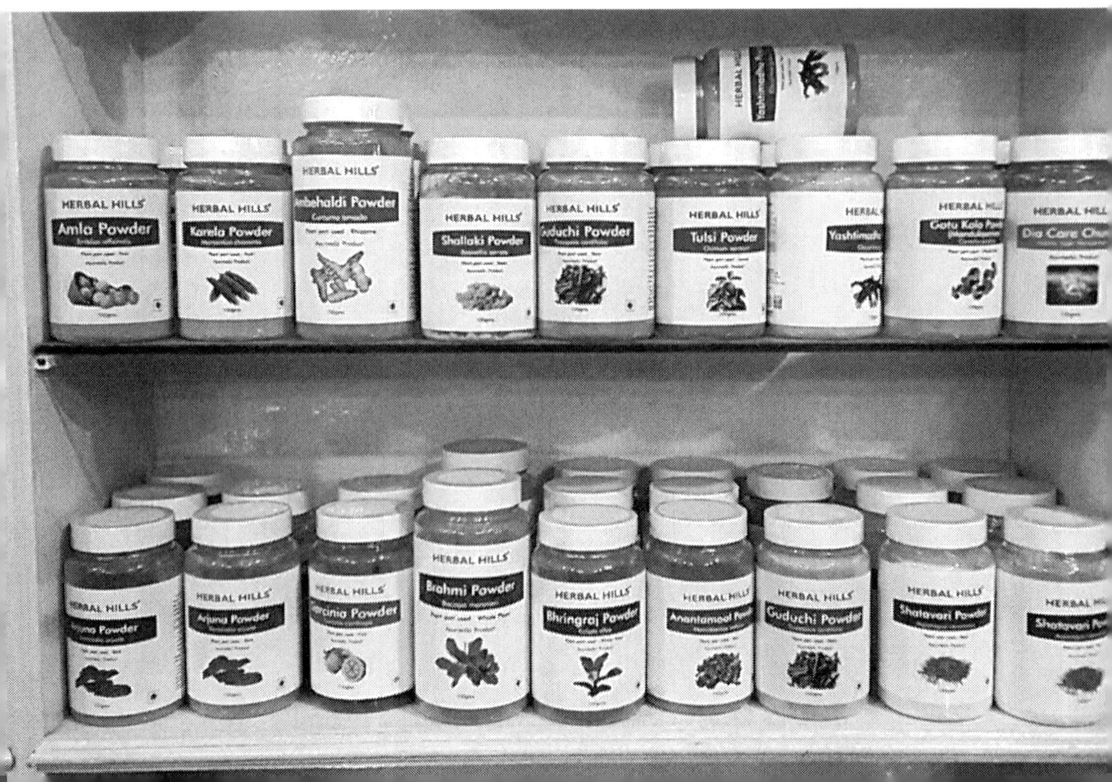

## Reiseapotheke und Apotheken

Was die **Reiseapotheke** angeht braucht man meiner Meinung nach nichts mitnehmen, wenn man grundsätzlich gesund ist. Aber das ist nur meine persönliche Meinung. Es gibt auch in Indien Apotheken und Ärzte, die kleine Zipperlein versorgen können. Meine Reiseapotheke besteht nur aus Micropore-Tape ☺ – und das nicht wirklich geplant. Ich hatte es zufällig noch übrig, weil ich mich doch hin und wieder versehentlich verletze. Und in dem Zusammenhang, muss ich gestehen, war ich auch schon dankbar, es im Gepäck zu finden. Da die westliche Reiseapotheke aber üblicherweise etwas besser ausgestattet ist, handhabe es natürlich so, wie du dich am wohlsten fühlst.

Wer chronisch in Behandlung ist muss selbstverständlich sicherstellen, dass er für seine Reise entsprechend versorgt ist und sollte sich von seinem Arzt beraten lassen. Es gibt überall in Goa gute **Apotheken**, zum Beispiel auch in Chaudi. Sollte die Apotheke in deiner Nähe je nicht weiterhelfen können, ist die größte die **'Union' in Mapusa**. Im Übrigen benötigt man für Medizin kein Rezept, es ist alles frei verkäuflich und günstig. Es lohnt sich also nicht, viel mitzuschleppen. Eine Ausnahme würde ich allerdings bei heiklen Mitteln machen, die gekühlt werden müssen. Auch hier sollte man mögliche **Probleme bei der Kühlung** bedenken, wodurch Medikamente oder Impfstoffe eventuell weniger haltbar, wirkungslos oder in ihrer Wirkung verändert sein könnten.

## Ärzte und Krankenhäuser

Es gibt **überall Arztpraxen**, kleinere Kliniken und ayurvedische Institute. Frage am besten in deiner Unterkunft nach, wen sie in der Nähe empfehlen.

Falls du in ein größeres Krankenhaus möchtest, gibt es das staatliche **'District Hospital' in Mapusa**, das **'Goa Medical College & Hospital' in Panaji** oder das '**Galaxy Hospital'** außerhalb von Mapusa. Oder erkundige dich, ob sonst noch etwas in der Nähe empfohlen wird. Taxifahrer sind wie immer auch hier eine gute Quelle.

## Kosmetik und Inhaltsstoffe

Es gibt in Indien keine so umfangreiche **Deklarationspflicht** wie wir sie von der INCI-Liste gewohnt sind. Häufig werden nur die 'key ingredients' – also die wichtigsten Zutaten gelistet, vermutlich im Ermessen des Herstellers. Diese lesen sich natürlich immer besonders gut und enthalten meistens Ayurvedische Kräuter. Was an Stoffen jedoch sonst noch enthalten ist und nicht aufgeführt wird, bleibt der Fantasie überlassen.

Zufällig habe ich hier eine Marke entdeckt, die mir bereits aus Europa als importierte indische Naturkosmetik bekannt war – und bei uns mit entsprechendem Siegel versehen ist. Es handelt sich um **'Khadi'** [21]. Die Artikel findet man hier in Goa in fast jedem Lädchen. Auch wenn hier nicht alle Produkte ein Bio-Siegel

tragen und es keine Garantie gibt, dass sie 100% natürlich sind, fährt man damit hoffentlich vergleichsweise gut und vermeidet aggressive Chemie auf der Haut.

Außerdem gibt es viele Ayurvedische Kosmetik-Salons, Läden oder Institute, wo auf Natürlichkeit wert gelegt wird und man hoffentlich gute Produkte bekommt. Mir wurde auch empfohlen nach der Marke **'Himalayan'** [22] Ausschau zu halten – und tatsächlich taucht sie meist im Regal neben Khadi auf. Vielleicht ist also auch das eine gute Option. Ebenso **'Biothique'** [23] und **'Swati'** [24]. Diese sind mir aufgefallen, weil sie ihre Produkte als 'natürlich' bewerben. Zudem stammt Swati vom selben Hersteller wie Khadi. Siegel sucht man vergeblich. Falls du dich mit indischer Naturkosmetik gut auskennst und zur Aufklärung beitragen kannst, schreib' mir bitte!

Den **Laden** mit der größten Auswahl an natürlich ausschauender Kosmetik habe ich in **Agonda gegenüber vom Cafe Zest** entdeckt. Hier gibt es alle oben genannten Marken mit großer Auswahl, sowie Ayurvedische Kräuter als Nahrungsergänzungsmittel. In Palolem sind in der Querstraße, die direkt zum Strand führt, am Ende näher am Strand, einige 'general stores' mit einer etwas kleineren, aber guten Auswahl.

Noch ein Hinweis: so wie Europäer nach Bräune streben, wünschen sich Asiaten eine hellere Haut. Man findet daher in ganz Asien in Kosmetika **Bleichmittel**, ob gewünscht oder nicht. Prüfe die Produkte beim Kauf auf entsprechende Hinweise und stelle in Spas und Beauty Salons klar, dass du nicht bleichen willst, wenn dem so ist. Bei Naturkosmetik sollte dies allerdings weniger ein Thema sein.

---

[22] Himalayan: himalayaherbals.com
[23] Biothique biotique.com
[24] Swati: khadiindia.in/products/by-category/swati-ayurveda.html

Zugegeben, vor der Abreise machten mir die **Toiletten**, die mich erwarten würden, neben dem Essen die größten Sorgen. Ich war zuvor nur kurz in Mumbai gewesen und hatte etwas traumatisierende Erinnerungen an den Besuch einer öffentlichen Toilette.

Dort waren wir lange Schlange gestanden, um dann am Eingang von einer freundlichen Dame eine rationierte Stückzahl von drei Blättchen Toilettenpapier ausgehändigt zu bekommen. Beim Betreten des **Toilettenhäuschens** war dann nur ein langes Rinnsal zu entdecken, an dem alle Ladies nebeneinander in der Hocke ihre Notdurft verrichteten. So viel dazu. Die gute Nachricht ist, ich kann dir auch an dieser Stelle Entwarnung geben! Zum einen liegt das besagte Erlebnis zwischenzeitlich sage und schreibe über 20 Jahre zurück und es ist seither weltweit viel passiert. Zum anderen ist Goa auch hier vermutlich landesweit Vorreiter.

Ich habe in meiner Zeit in Goa nicht ein einziges Mal ein Loch im Boden angetroffen. Alle Guesthouses, auch Strandhütten, waren mit **westlichem Thron** ausgestattet. Was allerdings anfangs etwas verwirrt ist die Vielzahl an Hähnen, Brausen und Wassereimern im typischen indischen Bad. Wenn dir die Funktionsweise dieser Ausstattung nicht bekannt sein sollte, empfehle ich dir folgenden Artikel im WikiHow:

☞ wikihow.com/Use-an-Indian-Bathroom

Na, alles klar?

Tatsächlich ist die Verwendung von **Wasser zur Säuberung** nach dem Toilettengang hygienischer als Toilettenpapier. Diese indische Praxis ist vergleichbar mit den im Westen bekannten Bidets. Das Schlimmste, oder sagen wir mal Ungewohnteste, was also passieren kann, ist, dass mal kein Toilettenpapier da sein sollte. Oder kein Handtuch greifbar. Dagegen kann man vorsorgen, indem man Taschentücher oder Handtuch bei sich hat. Wenn du dennoch in eine Notlage geraten solltest … hilft nur noch … 'Indianising' … richtig 'indisch' zu werden. Spätestens dann ist man angekommen. ☺

## Tipps für die Packliste

Wenn du Inspiration brauchst, findest du meine komplette **Packliste** auf meinem Blog, inklusive Aktualisierung mit Erfahrungswerten nach der langen Reise:

☞ ecoco.bio/packliste

Zum Kapitel Gesundheit möchte ich einen etwas speziellen Artikel hervorheben, da ich ihn unterwegs besonders hilfreich und praktisch fand:

- Die **Lifestraw-Trinkflasche!**
  ☞ ecoco.bio/lifestraw
  Diese Trinkflasche ist mit einem Filter ausgestattet, der praktisch alle Bakterien und Viren entfernt und so auch verseuchtes Wasser trinkbar macht. In vielen Unterkünften ist das Hahnwasser damit trinkbar. Frage aber deinen Host, woher das Wasser kommt! Manche Gebäude werden von Tanks beliefert, andere bekommen städtisches Leitungswasser. Es gibt starke Qualitätsunterschiede. Während man in manchen Teilen Indiens das Wasser nicht einmal zum Zähneputzen verwenden sollte, kann es in Goa oft nah an Trinkwasserqualität sein und mit dem Lifestraw spart man sich dann einen Haufen **unnötiges Plastik von gekauften Flaschen**!

Was du übrigens nicht von Zuhause mitnehmen brauchst:

- **Moskito-Spray**: es ist vor Ort viel billiger! Und immer zur Dämmerung morgens und abends gut einsprühen, denn dann werden die kleinen Angreifer aktiv. Tagsüber wirst du selten welche zu Gesicht bekommen.

- **Aloe-Vera-Gel**: ist ebenfalls vor Ort günstig erhältlich! Achte auf die Zutaten. Der Aloe-Anteil sollte möglichst nahe bei 100 Prozent liegen. Auch Bio-Qualität wird angeboten.

- **Damen-Hygiene:** Entwarnung! Es gibt in Apotheken und sogar in vielen Lädchen an den Stränden von Süd-Goa Tampons und Binden. Bei Tampons handelt es sich meist um die Marke ‘o.b.’ und die Standardpackung gibt es schon für etwa INR 210. Selbst eine neue Menstruationskappe kann man sich problemlos in wenigen Tagen von großen indischen Online-Portalen wie Amazon.in amazon.in oder Flipkart flipkart.com liefern lassen – zu einem Bruchteil des Preises, den wir im Westen zahlen!

# Währung und Geld

Die indische Währung heißt **Rupees** und aktuell, so wie ich hier schreibe, entsprechen **INR 100 ca. EUR 1,25**. Eselsbrücke für die Umrechnung: Rupees entsprechen Cents plus etwa ein Viertel. Um den tagesaktuellen Kurs zu erfahren, kannst du dir eine App für **Wechselkurse** oder 'exchange rates' heraussuchen. Wie bereits erwähnt zeigt dir aber auch Google den Kurs an, wenn du einfach "INR in EUR" in die Suche eingibst [25].

Allgemein gilt: **nur Bares ist Wahres**! Kaum ein Restaurant oder Geschäft ist mit Kartenzahlung ausgestattet. Bargeld bekommt man problemlos vor Ort und zu den verschiedenen Optionen kommen wir gleich. Aber vorab noch ein Tipp.

Man bekommt bei der Abhebung fast nur **große Scheine**: INR 2000 oder INR 500, benötigt im Alltag aber praktisch nur die kleinen. Vor allem kleinere Lädchen oder Restaurants können oft nicht wechseln. Und natürlich steht jeder vor dem gleichen Problem. Man muss sich daher schnell an die Strategie gewöhnen, große Scheine wo immer möglich einzusetzen, damit man sie gewechselt bekommt, und kleine Scheine zu horten.

## Geldautomaten

Zuhause brauchst du kein Geld wechseln, du kannst einfach nach Ankunft Rupees vom **Geldautomaten** abheben. Wenn du in Goa landest, gibt es auch direkt am Flughafen einen ‘ATM’ (Geldautomaten). Chaudi ist in der Region Agonda/Palolem das Städtchen für alle Besorgungen, wo du auch Banken findest. In den

[25] Google-Suche "INR in EUR": google.de/search

Strandstädten gibt es jeweils mindestens einen Automaten – der mit etwas Glück auch funktionsfähig und befüllt ist, wenn du gerade Geld brauchst. Die Auszahlung ist meist in **INR 10.000-Schritten** möglich.

Bringe mehrere **Geldkarten** mit, falls eine vorübergehend oder gar nicht funktionieren sollte. Ausländische Karten können in indischen ATMs manchmal Probleme machen. Ich hatte die Erfahrung, dass beim ersten Versuch Geld abzuheben, zwei verschiedene Karten automatisch gesperrt wurden, obwohl ich die PIN korrekt eingegeben hatte. Der Auszahlungsvorgang lief bis zum Schluss durch – statt Geld auszuspucken wurde die Transaktion dann aber erfolglos beendet.

Indien scheint als Standort in der digitalen Welt Alarmglocken auszulösen, so dass die **Transaktionen als 'suspekt'** eingestuft werden können und erst einmal geblockt werden. Dann muss man die Bank kontaktieren und erklären dass man sich tatsächlich in Indien aufhält. Normalerweise wird die Karte noch während des Telefonats wieder entsperrt. Du kannst deinen Kartenanbieter auch schon vor Abreise über den Standortwechsel informieren. Außerdem ermöglichen moderne Finanzdienstleister wie **Revolut** ecoco.bio/revolut ein Entsperren in der App, so dass du das Problem gleich am ATM selbst lösen kannst und beim zweiten Versuch die Abhebung klappt. Nach den ersten Anlaufschwierigkeiten hatte ich später keine Probleme mehr seitens der heimischen Banken.

Gewöhne dir an, nicht erst in letzter Minute, wenn du komplett blank bist, zum ATM zu marschieren! Es kommt regelmäßig vor, dass die **Geldautomaten leer** oder aus anderen Gründen 'out of service' sind. Vor allem an Tagen, an denen viel los ist und jeder Geld braucht. Die Automaten werden allerdings auch recht schnell wieder befüllt oder repariert!

**Heiligabend ist mir das Geld ausgegangen** und ich wollte noch kurz Bares abheben – wie eine lange Schlange anderer Besucher auch. Der **einzige Automat** im Dorf war schnell leergeräumt und der erste Weihnachtsfeiertag begann für mich also mit einem Spaziergang entlang der Dorfstraße auf der Suche nach Rupees.

Auf der ersten Etappe bin ich an drei **Reisebüros** vorbeigekommen, die mit 'Cash Advance' warben – also: Bares gegen Kartenzahlung. Das will allerdings nichts heißen: die ersten beiden konnten nicht helfen, da das Kartengerät gerade nicht im Büro war. Der dritte Agent war guter Dinge – und ich auch! Das Gerät startete ... ich gab meine PIN ein ... und dann war leider die Telefonleitung ständig besetzt, so dass sich die Maschine nicht einwählen konnte.

Dann habe ich in ein paar **Holiday Resorts** nachgefragt, ob sie eventuell Bares gegen Karte auszahlen würden. Angesichts der Feiertage bestanden sie jedoch darauf, an ihrem wertvollen Wechselgeld festzuhalten.

Zwischenzeitlich hatte ich ein großes Stück der Straße hinter mir gelassen und freundete mich langsam mit Plan X an: dem **Tuktuk nach Chaudi**, bezahlt von den letzten Hundert Rupees in meiner Tasche. Ich war schon so weit gelaufen, dass ich ohnehin gleich an der Taxistelle vorbeikommen würde – wo auch das ATM seinen Standort hatte.

Und was sahen meine überraschten Augen dort: eine Schlange vor der Tür! Und wer rein ging kam mit einem Lächeln wieder heraus! Die **Auffüll-Brigade** hatte uns selbst am Feiertag nicht im Stich gelassen! Und so gab es statt Fasten doch noch ein Festmahl.

## Reisebüros

Das bringt mich zu den örtlichen **Reisebüros**, die ebenfalls Bargeld auszahlen, gegen eine Gebühr von etwa 4 Prozent. Wenn man die Kosten für das Tuktuk nach Chaudi gegenrechnet, kann es sich durchaus lohnen, die Prozente zu zahlen. Es folgt die schlaue Rechnung: alle Geldautomaten, bei denen ich war, haben eine Gebühr von INR 200 draufgeschlagen – selbst wenn meine Karte mir eigentlich weltweit kostenloses Abheben ermöglicht. Das wären bei der Maximalsumme von INR 10.000 also 2 Prozent. Bei INR 5.000 sind es schon 4 Prozent.

Das bedeutet also: wenn ein Geldautomat einfach **zu Fuss** erreichbar ist und man größere Summen abheben möchte, ist der ATM die beste Wahl. Muss man allerdings **mit dem Tuktuk** zum ATM fahren oder möchte man eine kleinere Summe abheben, dann lohnt sich die Barauszahlung in einem Reisebüro mit der Gebühr von 3 oder 4 Prozent, je nachdem was verlangt wird! Denn der Mindestpreis für eine Strecke mit dem Tuktuk liegt aktuell bei INR 100, mit Rückfahrt sind wir also schon bei INR 200.

Prüfe aber auch wie hoch die **Gebühren deiner Karte** für Kartenzahlungen und Barabhebungen sind. Falls hier unterschiedliche Gebühren gelten, kann sich die Rechnung natürlich ändern. Im Idealfall hat man eine Karte, mit der beides kostenlos ist. Ich bin z.B. mit **TransferWise und Revolut** sehr zufrieden.

☞ ecoco.bio/transferwise

☞ ecoco.bio/revolut

Wie bereits erwähnt hat es sich als ratsam entpuppt, einige **verschiedene Karten** für die Geldabhebung dabei zu haben, da die Geldautomaten etwas launisch sein können. Mit TransferWise und Revolut habe ich gute Erfahrungen gemacht.

Vor meiner Abreise hatte ich die **Angebote verschiedener Banken** und Geldkarten analysiert und die Kosten und Funktionen in einer Tabelle verglichen, speziell für den Einsatz im Ausland. Ich bin dabei, die Tabelle jetzt zu aktualisieren und mit weiteren Banken zu erweitern. Vielleicht ist das Update schon fertig wenn du das liest. Falls es dich interessiert, schau' einfach mal rein:

☞ ecoco.bio/banken

Ein weiterer Vorteil der Karten von TransferWise und Revolut ist, dass man optimale **Wechselkurse** bekommt und somit viel Geld spart. Dazu muss bei der Abhebung beachtet werden, dass man nicht den **Geldautomaten die Umrechnung** machen lässt – also immer '**without conversion**' abheben. Beachte bei TransferWise, dass du in deinem Konto ein Unterkonto ('Balance') für die gewünschte Währung aktivieren solltest. Ansonsten wird eventuell ein Zwischenschritt über eine weitere Währung abgerechnet, was extra Kosten bedeuten könnte.

Tatsächlich ist es mir passiert, dass ein bestimmter Geldautomat bei jeder Abhebung selbst die **Umrechnung** vorgenommen hat, obwohl ich '**without conversion**' gewählt hatte. Mit dem Ergebnis, dass mir für die Abhebung von INR 10.000 statt ca. 125 Euro jedes Mal satte 135 Euro berechnet wurden! Die EUR 10 extra summieren sich nach einigen Auszahlungen. Gut zu wissen: TransferWise konnte alle fünf Abhebungen reklamieren und eine Erstattung der zusätzlichen Gebühren veranlassen. Der Kundenservice war auch ganz einfach über die Webseite zu erreichen. Also, keine Panik falls mal etwas schief laufen sollte!

## PayTM

☞ paytm.com
und als App

Mehr Glück als mit Geldkarten könnte man (in Zukunft) mit **PayTM** haben, dem größten indischen digitalen Zahlungsdienstleister. PayTM ist in den Großstädten weit verbreitet und hält ganz langsam auch Einzug in entlegenere Gegenden. In Süd-Goa sieht man hin und wieder schon das Symbol an den Kassen. Für ausländische Nutzer bestehen leider noch einige Hürden in der Anmeldung und Verknüpfung mit Geldkarten, die aber wohl entfernt werden sollen. Also schau' doch mal rein, ob die App vielleicht inzwischen für dich brauchbar ist. Und wenn du sie nicht selbst nutzen kannst, findest du am Ende dieses Abschnitts trotzdem einen hilfreichen Trick.

Um PayTM zu nutzen lädt man sich die App aufs Smartphone und registriert sich. Nicht erschrecken, wenn nach einem indischen Identitätsnachweis gefragt wird – diesen Schritt kann man zunächst überspringen. Zahlungen per Kredit- oder Debit-Karten funktionieren trotzdem. Allerdings werden **keine ausländischen Karten** angenommen – und da liegt aktuell der Haken (zum Zeitpunkt als ich hier schreibe). Laut Support soll sich das ändern, also schau' vielleicht mal rein, ob sich etwas getan hat. Praktisch wäre es!

Denn über PayTM kann man auch seine **indische SIM-Karte** mit Guthaben aufladen. Dies ist übrigens auch direkt online beim Anbieter möglich, zumindest bei Vodafone.in vodafone.in – nur leider gibt es auch hier Probleme mit den Karten. Aber zurück zu PayTM, denn scheinbar lässt sich in Indien so ziemlich alles damit bezahlen – stöbere einfach mal in der App, du findest dort unzählige Anwendungsmöglichkeiten.

Eine praktische Einsatzmöglichkeit, auch wenn du dich nicht selbst registrieren konntest: mit PayTM kann auch **Guthaben an andere SIM-Karten** geschickt werden! Das heißt, wenn dir ein freundlicher Inder aushelfen mag, gibst du ihm einfach Bares und er sendet dir das Guthaben (oder Daten, oder sonstiges Paket deiner Wahl) und in wenigen Sekunden bist du wieder online. Da die meisten PayTM zu nutzen scheinen, sind zum Beispiel die Hosts in Guesthouses oft hilfsbereite Kandidaten. Aber es gibt natürlich auch in praktisch jedem Shop an der Ecke Guthaben zu kaufen – wenn auch oft gegen Touristen-Aufschlag, Achtung!

## Trinkgeld

Wenn man mit dem Essen und Service zufrieden war, darf man sich gerne erkenntlich zeigen. Es gibt jedoch keinen bestimmten

Prozentsatz, der erwartet wird. **Üblich ist es, aufzurunden**. Ob es sich dann um 5% oder 10% handelt, ist nicht so wichtig. Ein paar wenige Restaurants schlagen optionales Trinkgeld in Höhe von 10% auf die Rechnung. Es bleibt aber dir selbst überlassen, ob du den Vorschlag annehmen möchtest oder nicht.

**Tuktuk-Fahrer erwarten kein Trinkgeld**. Wenn für die Strecke INR 100 vereinbart wurde, zahlt man auch genau das. Wenn es sich bei anderen Beträgen anbietet, kann man natürlich aufrunden und auf Wechselgeld verzichten – wie's beliebt.

'Green Energy' im Café La Boheme Agonda

## Tipps für die Packliste

Ein Tipp für die Packliste zum Kapitel Geld?!
Unbedingt … die Kreditkarte einer reichen Tante!
Nein, Scherzle …

Aber tatsächlich würde ich dir raten, dich vorab mit mindestens **zwei Geldkarten** auszustatten, die speziell für den Einsatz im Ausland Vorteile bieten. Das bedeutet, sie funktionieren an Geldautomaten weltweit, sind unkompliziert in der Handhabung und bieten gute Währungskurse.

Meine aktuellen Favoriten unter den Geldkarten hatte ich bereits erwähnt: **TransferWise** und **Revolut**. Beide kannst du darüber hinaus wie Bankkonten mit verschiedenen Währungskonten verwenden. Und sie haben sehr gute Apps für mobile Geräte.

☞ ecoco.bio/transferwise

☞ ecoco.bio/revolut

Für weitere Inspiration findest du wie gesagt meine komplette **Packliste** inklusive Aktualisierungen auf meinem Blog:

☞ ecoco.bio/packliste

*Flussmündung am Nordende von Palolem Beach*

# Internet, SIM-Karte und Technik

## Wie bekommt man eine SIM-Karte?

Ich bin mehrfach davor gewarnt worden, wie schwierig und kompliziert es sei, in Indien eine SIM-Karte zu bekommen. Aber diese Info scheint zum Glück veraltet zu sein. Ja, man muss seinen **Pass** vorlegen und ein **Passfoto** mitbringen. Aber wenn man vorab darüber Bescheid weiß und die Unterlagen dabei hat, ist es ansonsten überhaupt kein Problem. Mir wurde auch gesagt, ich müsse eine **Verbrauchsrechnung** als Wohnsitznachweis mitnehmen. Die Kopie hatte ich dabei, wurde aber nicht danach gefragt. Wenn du sie zur Hand hast, nimm sie einfach mal mit und erspare dir eventuelle Verzögerungen.

Die Aktivierung der Karte hat einen Tag gedauert. Dann konnte ich mir im Handy-Shop ein Datenpaket darauf laden lassen und surfte mit **Vodafone India** für etwa INR 200 einen Monat lang mit maximal **1,4 GB pro Tag im 4G-Netz**. Nicht schlecht, oder?! Für ca. INR 550 gibt es 3,5 GB pro Tag. Dafür lohnt sich der 'Aufwand' allemal. Es ist auf jeden Fall ratsam, ein Internet-Backup per SIM zu besorgen, da die **Wifi-Netzwerke regelmäßig Ausfälle** haben.

Entgegen der vielen Schreckensberichte habe ich jedoch keine längeren Ausfälle erlebt. Meistens lief das Netz innerhalb weniger Minuten wieder. Ein Mal hatten wir eine Panne, die etwa eine Stunde angehalten hat. Ich gehe davon aus, dass die Situation sich in den letzten Jahren einfach stark gebessert hat – was natürlich von Ort zu Ort schwanken kann. In **Palolem, Patnem und Agonda** hatte ich sehr gute Erfahrungen mit Wifi. Auch gibt es in jedem Restaurant Internet und man kann fast überall sehr gut arbeiten.

## Wifi in Restaurants und Unterkünften

Allgemein habe ich die Erfahrung gemacht, dass das **Wifi in Restaurants** schneller ist als in den Unterkünften. Nicht, dass es sich um andere Leitungen handeln würde, nur hängen weniger Nutzer im Netz. In Guesthouses und Hütten konnte ich meistens vormittags oder auch nachts sehr gut arbeiten. Je nach Location konnte es aber schon vorkommen, dass nachmittags und abends nichts mehr durch die Leitung ging. Meine Theorie ist, dass dann die Urlauber alle wach und aktiv sind und die Kapazitäten sprengen. Auch mobil kam dann teils nichts mehr durch und ich musste mir ein Restaurant suchen. Dort sind normalerweise weitaus weniger Gäste als in Unterkünften – und kaum welche davon im Internet beschäftigt. Also, ich muss sagen, in den Restaurants lief es immer super! Aber es hängt natürlich von der Infrastruktur der jeweiligen Einrichtung ab. In manchen Unterkünften konnte ich ebenfalls zu jeder beliebigen Tageszeit prima arbeiten!

Bevor du dir einen Tisch **im Restaurant** aussuchst, frage kurz nach, ob das Wifi heute funktioniert. Und bei Bedarf auch, ob Plätze mit Steckdosen verfügbar sind. Falls das Etablissement gerade einen Routerausfall haben sollte, was durchaus vorkommt, sparst du dir Ärger und Zeitverlust. Oder falls es keine Steckdosen für Besucher gibt. Dann einfach auf zum nächsten Café.

**In Unterkünften** ist es ratsam gleich bei der Buchung oder spätestens beim Check-in nach einem Zimmer bzw. einer Hütte mit super Wifi-Empfang zu fragen. Mach' auf dem Zimmer vor dem Auspacken dann zu allererst einen **Speedcheck** – dazu gibt es zahlreiche kostenlose Apps, einfach eine mit guten Bewertungen runterladen. Sollte die Verbindung schlecht sein, kannst du dann noch rechtzeitig und ohne großen Aufwand das Zimmer wechseln.

Für SIM-Karten gibt es verschiedene Anbieter wie AirTel, Vodafone, Idea etc. pp. ... frage am besten im örtlichen Shop nach, welcher Anbieter an deinem Aufenthaltsort die beste **Netzabdeckung** hat! In **Chaudi bei Baba Telekom** bist du zum Beispiel gut beraten (Tuktuk-Fahrer fragen – er kennt den Laden).

Ich habe zum Beispiel mit Vodafone festgestellt, dass in **Agonda** die nördliche Seite des Dorfes super 4G bietet – irgendwo in der Mitte fällt das Netz jedoch weg und auf der südlichen Seite surft man nur noch mit Edge, also gar nicht ... zum Glück haben praktisch alle Restaurants und Unterkünfte Wifi!

**Aufladen** kann man die SIM-Karte in den meisten kleinen Lädchen. Man bezahlt den Ladenbesitzer und dieser sendet das Guthaben über sein Smartphone an die eigene Telefonnummer. Ein paar Prozente bleiben dabei beim Laden. Bei Vodafone.in vodafone.in kann man wie bereits erwähnt auch online Guthaben bzw. Datenpakete erwerben, wenn man eine Kreditkarte hat, die angenommen wird. Vermutlich ist dies bei anderen Anbietern ebenfalls möglich. Über PayTM paytm.com lassen sich alle gängigen SIM-Karten aufladen. Die Zahlung per Kredit-/Debit-Karte kann allerdings auch hier Probleme bereiten (siehe Abschnitt 'PayTM'). Dann kannst du den Guesthouse-Betreiber fragen, ob er so freundlich wäre, gegen Bares ein Guthaben über PayTM zu senden. Oder du gehst zum nächsten Lädchen an der Ecke.

Beim Kauf wählt man direkt das **Paket**, das man haben möchte – oder alternativ einfach nur TalkTime, also Guthaben zum Telefonieren. Die Minutenpreise in den Paketen sind jedoch günstiger. Es gibt schon für umgerechnet wenige Euro Komplettangebote mit vielen Inklusiv-Minuten, Inklusiv-SMS und Inklusiv-Daten, die je nach Paket eine Woche oder einen Monat gültig sind. Wie bereits erwähnt hatte ich zum Beispiel 3,5 GB pro Tag für 28 Tage zum Monatspreis von etwa INR 550 – mit jeder Menge SMS und Minuten.

Übrigens, sei gewarnt! Noch bevor du die Gelegenheit hattest auch nur einer Menschenseele deine indische Telefonnummer mitzuteilen, wird dein Smartphone klingeln ... und zwar am laufenden Band. Mit Datenschutz scheint es hier noch nicht sehr weit zu sein. Die **Telemarketer** bombardieren jede Nummer, die sie in die Finger bekommen können mit Spam-Anrufen und -SMS. Ich vermute, dass Neuregistrierungen gleich weiterverkauft werden. Am besten auf Stumm schalten und Nummern blockieren.

## Mobiles Internet per Trabug

☞ ecoco.bio/trabug

Wer keine Lust hat, sich eine eigene SIM-Karte zu besorgen, der kann auch von folgendem praktischen Service Gebrauch machen: **'Trabug'** liefern Smartphone oder Hotspot inklusive vollgetankter SIM-Karte direkt ins Hotelzimmer, so dass du bei Ankunft gleich versorgt bist. Das ist etwas teurer als die Variante mit Eigenengagement. Mit ca. USD 2,50 bis 3,99 pro Tag aber immer noch günstig für westliche Gehälter. Wenn du deinen Urlaub möglichst unkompliziert und stressfrei gestalten möchtest, freust du dich vielleicht über diesen Service.

## Internet-Sicherheit und Zugriffsprobleme

Ähnliche **Sicherheitsvorkehrungen** wie bei den Geldkarten sind mir auch online bei vielen Webseiten begegnet. Beim Versuch mich aus Indien anzumelden wurde vielleicht ein Hacker-Angriff vermutet und von vielen Webseiten zunächst ein sicheres Login-

Verfahren eingeleitet. Bei manchen Anbietern kann dies etwas zähe, **zeitraubende Schleifen** bedeuten. Manchmal wird eine E-Mail zur erneuten Bestätigung versandt, der Authenticator im 2-Step-Login abgefragt, obwohl der Browser eigentlich schon als sicher gespeichert ist, oder die gesonderte Bestätigung per SMS gefordert. Mach' dich darauf gefasst. Da muss man durch. Zumindest sollte die Extra-Bestätigung nur beim ersten Aufruf der Seite in Indien nötig sein. Ich habe aber tatsächlich einige Seiten erlebt, die bei jedem erneuten Login wieder die Sicherheitsabfrage starten. Nervig! Falls du eine Lösung kennst, sag' mir bitte Bescheid!

Auch konnte ich auf einige Seiten, inklusive Admin-Bereiche von Webseiten, an denen ich arbeite, nicht mehr zugreifen und bekam einen **'503 Error'** angezeigt. Falls dir das passiert, keine Panik! Der Webseite geht's gut ☺. Nur dein Zugriff wird abgeblockt. Mit einem **VPN-Netz** kannst du ganz einfach das Problem beheben. **Cyberghost** ecoco.bio/cyberghost zum Beispiel lässt sich einfach und schnell installieren und ... schwupps ... bist du wieder drin. Wenn du einen Server in der Nähe der Webseite wählst, die du aufrufen möchtest, wird dies als Besuch aus 'sicherem' Gebiet erkannt. Es kann auch sein, dass dein indischer Internet-Provider den Verkehr ins Ausland einschränkt – auch in diesem Fall schafft das VPN-Netzwerk Abhilfe.

## Tipps für die Packliste

Noch zwei Dinge, die sich als sehr praktisch erwiesen haben:

- Eine kleine **Taschenlampe** bzw. die Taschenlampe am Smartphone! Zum einen ist die Beleuchtung in Hütten und Zimmern nicht immer geschickt erreichbar, wenn man zum Beispiel vom Bett aus ein Licht anknipsen möchte. Zum anderen sind die Straßen und Fußwege nicht durchgehend beleuchtet und es kann vorkommen, dass man auf Trampelpfaden nichts sieht. Eventuell steht man auch bei einem Stromausfall plötzlich im Dunkeln.

- **Noise-Cancelling-Kopfhörer**! Und **Ohrstöpsel** zum Schlafen! Nachts heulen die Hunde, morgens kräht der Hahn, tagsüber krächzen die Krähen, auf der Straße wird gehupt und überhaupt ist etwas Ruhe hin und wieder willkommen. Je nachdem wo man unterkommt, muss man diese möglicherweise selbst mitbringen. Vor allem um konzentriert arbeiten zu können schätze ich Kopfhörer sehr. Falls du als Frau alleine unterwegs bist: auch beim Spazieren wirken sichtbare Kopfhörer wunder – man wird bedeutend weniger angequatscht.

Was du nicht von Zuhause mitnehmen brauchst:

- **Reise-Adapter:** gibt es vor Ort für wenige Cent! Ich habe in Chaudi einen für INR 45 bekommen. Außerdem passen unsere 2-poligen Euro-Stecker oft auch ohne Adapter in die Steckdosen.

- **Sonstige Kleinteile:** keine Sorge! Vieles ist vor Ort erhältlich und was es im Dorf nicht gibt liefert **Amazon.in** amazon.in in etwa 3 Tagen! Sogar in den gleichen bekannten Kartons! Da fühlt man sich sozusagen gleich wie Zuhause ... was nicht zwingend als positiv verstanden werden sollte. Aber es gibt tatsächlich Situationen, in denen man den orangenen Smiley sehr schätzen lernt. Ebenso findet man fast alles, was das Herz begehren könnte (oder auch noch nie gebraucht hat ☺ ...), auf **Flipkart** flipkart.com, dem größten original-indischen Online-Marktplatz.

# Dokumente und Sicherheit

## Checkliste: Dokumente für die Reise

Mit dieser Checkliste hast du sicher alle wichtigen Unterlagen im Gepäck! Jetzt musst du die Ausweise und Dokumente nur noch einpacken oder ausdrucken oder einscannen – und abhaken. Erledigt! ☺

- ☐ Pass
- ☐ e-Visum
- ☐ Bestätigung des Weiterflugs
- ☐ Kopien vom Pass (gedruckt, gescannt in der Cloud)
- ☐ Passfotos
- ☐ evtl. Verbrauchsrechnungen (Adressnachweis)
- ☐ Geburtsurkunde (falls der Pass abhanden kommt)
- ☐ Internationaler Führerschein
- ☐ Krankenversicherung (Dokumentation / Karte)
- ☐ Impfpass
- ☐ Geldkarten

Zu den **Kopien vom Pass**:
Diese werden bei jedem **Check-in in einer Unterkunft** benötigt. Meist fertigt die Unterkunft selbst eine Kopie an – und zwar auch von den Seiten mit dem Visa-Stempel. Daher macht es eigentlich fast keinen Sinn, extra Kopien für die Check-ins mitzunehmen. Mir wurde vor Abreise zwar dazu geraten, falls Unterkünfte kein Kopiergerät haben sollten, bisher wollte jedoch keine der Unterkünfte meine Kopien haben sondern hat lieber selbst eine

angefertigt. Mir scheint also auch dieser Rat etwas veraltet zu sein.

Für alle anderen Eventualitäten kann es nie schaden, den Pass und auch andere Dokument **eingescannt in einer Cloud** hinterlegt zu haben, wo man jederzeit von überall Zugriff hat.

Zusätzlich trage ich gerne eine Kopie vom Pass bei mir und lasse das **Original im Zimmer im PacSafe** ecoco.bio/pacsafe (siehe unten unter Packliste). Idealerweise lässt man sich eine schöne Kopie laminieren und kann diese wo nötig auch mal als Pfand hinterlassen. Meinen Original-Pass würde ich persönlich niemals aus der Hand geben.

## Tipps für die Packliste

Zur kompletten **Packliste** mit vielen weiteren Tipps und Links geht's wieder hier entlang:

☞ ecoco.bio/packliste

Besonders hervorheben möchte ich an dieser Stelle ein paar Artikel für die Sicherheit, die sich als sehr praktisch erwiesen haben. Ich war wirklich froh, dass ich sie dabei hatte und möchte sie dir daher unbedingt ans Herz legen. Das sollte mit ins Gepäck:

- **Der PacSafe Travelsafe**
  ☞ ecoco.bio/pacsafe
  Bei dem bereits erwähnten mobilen Safe handelt es sich um eine mit Draht durchzogene Tasche mit Zahlenschloss. In Strandhütten und einfachen Unterkünften habe ich noch nirgendwo einen eingebauten Safe entdeckt. Und besonders gut gesichert sind die Räume auch nicht. Da bietet der PacSafe eine dankbare Lösung: man kann seine

Wertsachen verstauen, abschließen und an einem soliden Möbelstück oder Rohr festketten. So sind sie zumindest vor Gelegenheitsdieben sicher. Und bis das organisierte Verbrechen mit professioneller Ausrüstung anrückt, um einen ausgeklügelten Raub durchzuführen, ist man höchstwahrscheinlich schon weitergezogen.

- **Zahlen-Schlösser**

  ☞ ecoco.bio/schloss

  Natürlich unterwegs fürs **Gepäck**, aber nicht nur! Sondern auch vor Ort zum Abschließen – sogar von **Zimmertüren**! Hier haben die Türen oft keinen Schlüssel, sondern einen Riegel mit Schloss. Und bei diesen Schlössern handelt es sich meist um einfache Modelle, die mit einer Haarnadel und geschicktem Händchen geknackt werden können. Entsprechende Anleitungen sind im Internet leicht zu finden ☺. Das bereitgestellte Schloss lege ich dann dankend beiseite und schließe mein Zimmer mit einem mitgebrachten Zahlenschloss ab. Außerdem lässt sich damit auch mal eine Schranktür abschließen. Ich habe die Schlösser auch schon als **Aufhängung oder Befestigung** für Gegenstände verwendet. Ein Schloss kann immer mal praktisch sein. Zwei Stück habe ich dabei.

- **Kabel-Schloss**

  ☞ ecoco.bio/kabelschloss

  Eine Variante des Zahlenschlosses mit langem Kabel wie das **PacSafe Retractasafe** kann hilfreich sein, um Dinge oder eine Tasche an Strandmöbeln festzubinden, wenn man ins Wasser geht oder in der Sonne ein Nickerchen macht. Oder um sein **Gepäck** irgendwo anzuketten, wenn man unterwegs ist –auch mal in einer Unterkunft, falls einem das Zimmer nicht sicher vorkommen sollte. Sollte man in **Mehrbett-Zimmern** übernachten, ist so ein langes

Kabelschloss zum Anbinden von Gegenständen besonders praktisch. Und außerdem lässt sich auch dieses Schloss prima zweckentfremden, zum Beispiel als **Wäscheleine**.

## Kleidung für Goa

Am liebsten möchte ich dir raten mit einem **leeren Koffer** zu reisen und dir vor Ort deine Sommer-Outfits zu besorgen. Auf jeden Fall solltest du nicht zu viel einpacken und noch etwas Platz im Gepäck lassen. Denn du entdeckst vor Ort bestimmt noch etwas, das Stauraum auf der Rückreise benötigt!

**Sommerkleidung** ist vor Ort viel günstiger und es gibt eine breite Auswahl! In den typischen Lädchen bzw. Ständen, die alle Straßen säumen, gibt es hübsche Teile schon für wenige Hundert Rupees. Und auch die schicken Boutiquen führen vergleichsweise erschwingliche Ware!

Wenn du dich aber fragst, wie deine Kleidungswahl passend zum Dresscode und Klima in Goa überhaupt aussehen könnte, teile ich an dieser Stelle noch ein paar Tipps zur Auswahl der **Kleidungsstücke fürs Gepäck**. Wie du weißt reise ich minimalistisch nur mit Handgepäck-Rucksack. Ich habe also nur das Allernötigste dabei. Aber das reicht gut! In Goa brauchst du kaum etwas Dickes, Warmes und auch kein Bling und keine High-Heels. Nur entspannte, bequeme Klamotten. Das könnte so aussehen (aus Sicht einer Lady – leicht angepasst auch für die Herren der Schöpfung):

- **1 Hoodie**
  Auch wenn es tagsüber konstant 30 Grad Celsius hat, habe ich nachts manchmal gefroren und musste mich warm einpacken. Direkt am Meer wird es nachts frisch. Außerdem

bin ich in klimatisierten Räumen wie am Flughafen oder im Flugzeug immer dankbar etwas zum Überziehen dabei zu haben.

- **1 Longsleeve**
  Ähnlich wie beim Hoodie, zum Überziehen wenn's mal frischer wird. Aber auch als Sonnenschutz oder zum respektvollen Bedecken der Haut wenn die Situation dies erfordert.

- **2 T-Shirts (mit Ärmel)**
  Wenn die Schultern bedeckt sein sollen oder multifunktional zum Überziehen über Trägershirts oder Darunterziehen unter Kleidchen. Auch als extra Lage für Wärme, falls nötig.

- **4 Tanktops**
  Täglich im Einsatz. Dieses Kleidungsstück ist wirklich täglich im Einsatz und muss in diesem Klima häufig gewechselt werden. Wenn man täglich von Hand wäscht, kommt man auch mit zwei oder drei Stück aus.

- **2 leichte, luftige, lange Sommerhosen**
  Sie lassen sich auch zu ¾-Länge oder halb-lang umschlagen. Mittellange Hosen habe ich daher keine dabei. Täglich im Einsatz.

- **2 kurze Badehosen**
  Für den Strand und strandnahen Alltag.

- **2 Leggings**
  Multifunktional: zum Kleid, zum Sport, zum Schlafen. ☺

- **2 Kleidchen**
  Für den Strand, zur Leggings, als langes T-Shirt.

- **2 Bikinis**
  Auch als BH.

- **3 Unterhosen**
  Drei reichen, da ich sie beim Wechseln gleich von Hand wasche. Außerdem sind da ja auch noch die Bikinihosen.

- **Ein Paar etwas festere Sommerschuhe**
  Genau gesagt: **Leguano Barfuß-Schuhe**!
  ☞ ecoco.bio/leguano
  Sie sind leicht, super bequem, praktisch unzerstörbar und passen zu jedem Outfit! Ich habe eine niedrige Sommerschuh-Variante dabei. Sie sehen vielleicht nicht danach aus, sind aber unglaublich robust! Man kann damit locker auch einen ordentlichen Marsch auf schwierigem Untergrund meistern. Ich habe damit auch schon Bergwanderungen gemacht und würde hierfür keine anderen Schuhe haben wollen. Und sie sind so pflegeleicht: nach dem Ausflug, wenn nötig, ab in die Waschmaschine damit, und dann begleiten sie dich auch wieder schick ins Restaurant. ☺

- **Ein Paar leichte Strandschuhe**
  Flipflops oder Barfuß-Schuhe.

Für **Männer** könnte die Auswahl so ähnlich aussehen. Vermutlich ersetzt Mann die Kleidchen und Leggings durch ein paar extra Shirts und Hosen oder packt noch ein Hemd ein. Und, nun ja, auf die Bikinis werden die meisten Herren wohl verzichten. Und ich beobachte, dass sich meistens das ein oder andere geliebte 'Funktionsteil' einschleicht. Aber ansonsten kann auch Mann für Goa sehr einfach bis spärlich packen und bei Bedarf vor Ort ausstatten.

Und das war's. **Alles leger, bequem und praktisch.** Und unauffällig. Und wie gesagt, solltest du etwas vermissen, gibt es vor Ort jede Menge Läden, Boutiquen und Schneider, die alle Wünsche erfüllen.

# ecoco Maps: Goa – die digitale Karte

☞ ecoco.bio/goa

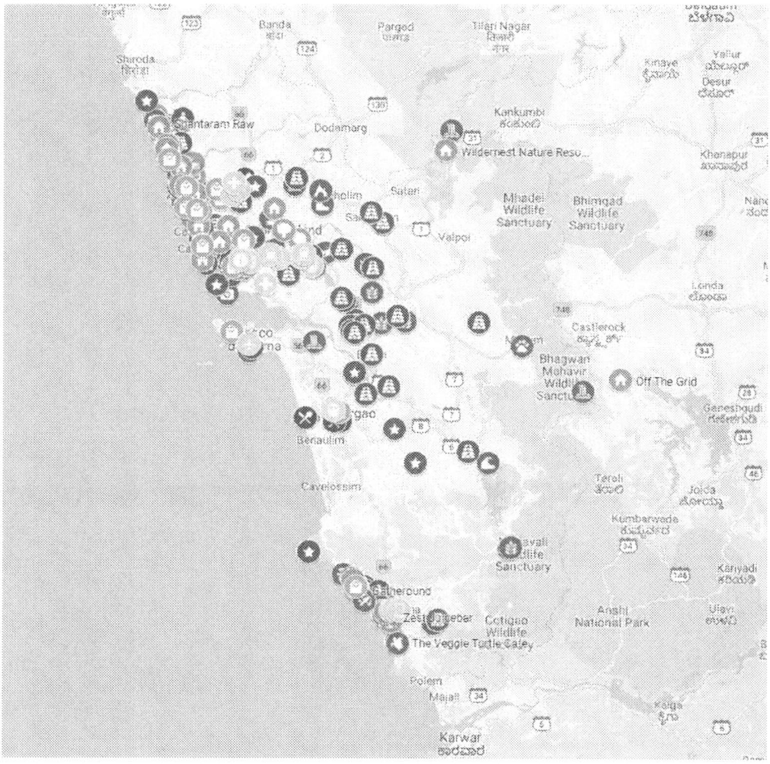

Screenshot der digitalen Karte

Nun also zur bereits erwähnten **digitalen Karte von Goa**! Sie ist ein wesentlicher Teil dieses Reiseführers und wird dir hoffentlich sehr hilfreich sein. Du findest sie auf der begleitenden Webseite zu diesem Buch. Wenn du möchtest, kannst du sie von dort auch in einem separaten Fenster öffnen und in Google Maps speichern:

☞ ecoco.bio/goa

Auf der Goa-Karte sind viele **interessante und hilfreiche Ziele** für die gesunde und möglichst nachhaltige Reise eingezeichnet, ergänzt durch beliebte konventionelle Angebote. Alles was hier im Buch erwähnt wird und auch Einiges, das hier keinen Platz mehr hatte. Dazu gehört zum Beispiel Gastronomie (vegan, vegetarisch, glutenfrei, Rohkost), Einkaufen, Yoga, Ayurveda, Wellness, Natur und Strände, Ausflugsziele, Outdoor-Aktivitäten und Sport, Unterhaltung, Unterkünfte, Praktisches und Sehenswürdigkeiten … alles ganz praktisch in einer Karte gesammelt!

Bei der Auswahl handelt es sich zum einen um Ziele, für die Goa eben bekannt ist, also sozusagen die üblichen, 'wichtigen' Punkte. Zum anderen, das weißt du ja inzwischen, bin ich aber auch immer auf der Suche nach **'grünen' Tipps** – und was ich finden konnte habe ich hier eingetragen.

**Tipps zur Benutzung der Karte:**

Bei manchen Einträgen habe ich **zusätzliche Infos** oder Links vermerkt. Du siehst sie, wenn du die einzelnen Punkte anklickst oder das Ziel über die Legende anwählst. Außerdem werden dir auch die öffentlichen Daten aus Google Maps angezeigt.

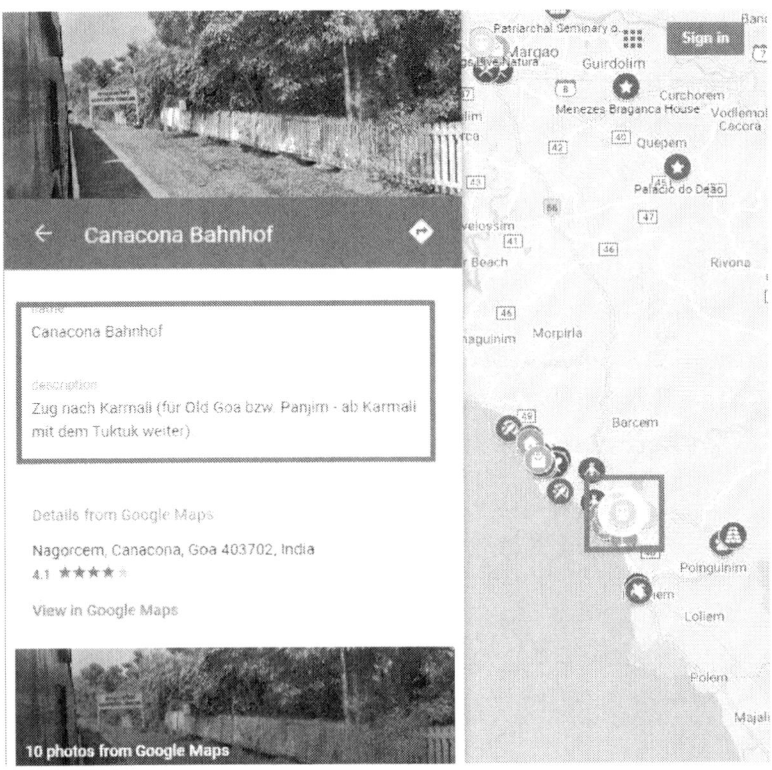

In der **Legende** links kannst du die **einzelnen Ebenen** sichtbar oder unsichtbar schalten. Wenn du zum Beispiel auf der Suche nach einem Restaurant bist, aktivierst du nur die Ebenen zum Thema 'Gastronomie' und die Karte wird sofort übersichtlich.

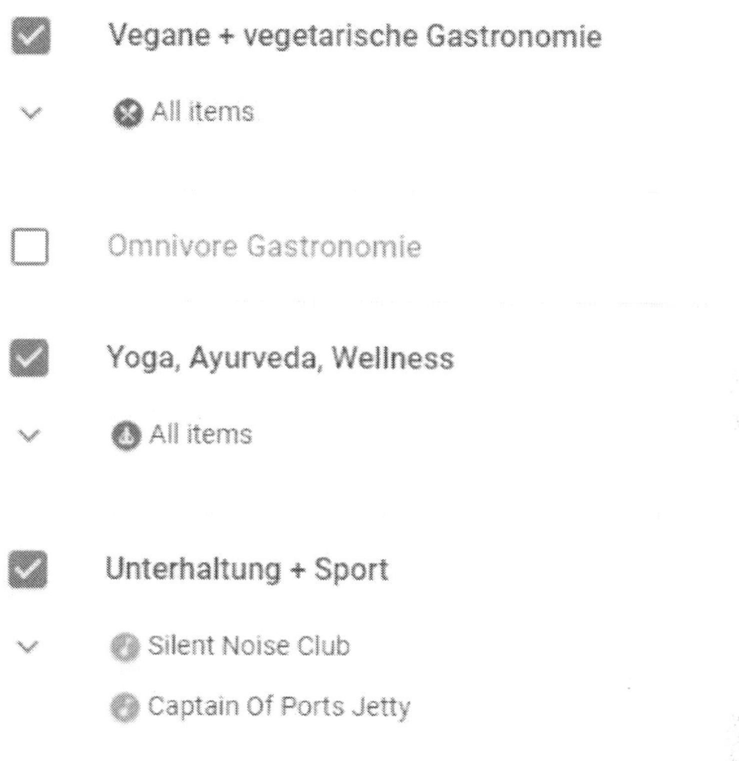


Was du auf der Goa-Karte siehst, ist eine **Sammlung** recherchierter Orte, die interessant sein könnten. Das bedeutet leider nicht, dass ich jeden auch selbst besuchen konnte oder persönlich empfehle. Aber auch wo ich nicht Gelegenheit hatte, das Ziel selbst zu überprüfen, hoffe ich, die Infos ersparen dir auf jeden Fall eine Menge eigener Recherchen und sind hilfreich, falls du etwas Entsprechendes suchst.

Und wenn du selbst noch etwas entdeckst, was für andere markiert werden sollte oder sonst **Feedback** zu eingezeichneten Orten hast, schreib' mir unbedingt! Ich freue mich von dir zu hören!

## Was bedeutet 'öko' in Goa?

An dieser Stelle möchte ich kurz auf den Gebrauch der Bezeichnung **'Eco Resort'** eingehen, da mir aufgefallen ist, dass dieser in Goa sehr häufig und aus europäischer Sicht nicht immer ganz zutreffend verwendet wird.

Wenn wir in Europa ein 'Biohotel' buchen, entspricht dies für gewöhnlich einem erkennbaren **'Öko-Standard'** und gewissen Richtlinien. Als Europäer haben wir bestimmte Erwartungen an eine Unterkunft, die sich als 'öko' bezeichnet. Es wird zum Beispiel mit ökologischen Mitteln geputzt und gewaschen, mit nachhaltigen Materialien gearbeitet, auf Müllvermeidung geachtet, auf biologisch angebaute, regionale Lebensmittel wert gelegt, und für gewöhnlich eine gewisse Harmonie mit der näheren Umgebung und Natur angestrebt. Häufig gibt auch eine Zertifizierung oder die Aufnahme in eine entsprechende Liste Sicherheit, dass ein Mindeststandard an nachhaltigem Wirtschaften garantiert ist.

Wie sieht es in Indien aus? Schon beim Thema Lebensmittel und auf Speisekarten in Restaurants erkennt man, dass der Begriff 'bio' und die Philosophie, die dahinter steckt, ganz offensichtlich von der **breiten Masse noch nicht richtig verstanden** oder interpretiert wird. Darüber gleich mehr im Kapitel über das Essensangebot. Auch beim Einkauf von Konsumgütern wie Kosmetik und Lebensmittel ist es schwierig, nachhaltige und gesunde Produkte zu finden – und sich dann auch sicher sein zu können, dass wirklich nur Gutes darin steckt. Eine Kontrolle oder Zertifizierung ist nur selten erkennbar.

Nun sind viele Öko-Resorts im **oberen Preis-Segment** angesiedelt und es mag sein, dass hier tatsächlich ein Verständnis für Ökologie und Nachhaltigkeit gegeben ist und gelebt wird. Zumindest habe ich hier noch Hoffnung. Wenn ich die Gelegenheit für eine weitere Reise nach Goa bekomme, werde ich diese Sparte näher erkunden und würde mich freuen, Positives berichten zu können.

Auf meiner letzten Reise war ich allerdings **'low-budget'** unterwegs und das ist die Kategorie, auf die ich mich nun beziehe. Denn auch hier findet man immer wieder Einrichtungen, die sich als 'eco' bezeichnen ... und fragt sich zuweilen, "Warum?".

Bei manchen hatte ich den Eindruck, dass extrem einfache oder gar ungepflegte Zustände gerne als 'naturnah' und somit 'öko' verkauft werden, um **Touristen tolerant** zu stimmen. Schäbige Hütten und kaum entwickelte Anlagen werden dem Besucher als 'eco' präsentiert. Dieser ist dann möglicherweise so damit beschäftigt, sich über sein eigenes Umwelt-Engagement durch die Unterstützung dieses Projekts zu freuen, dass er über die Zustände hinweg sieht. Es wird gutes Geld verdient und man muss sich auch nicht um eine Aufwertung kümmern. Ob diese Rechnung lange gut geht?

Viele meinen es aber sicher tatsächlich gut und geben sich Mühe, mit den Mitteln, die ihnen zur Verfügung stehen, ihr Angebot möglichst umweltfreundlich zu gestalten. Allerdings muss man schon anerkennen, dass sie mit widrigen Umständen und **schwierigen Grundvoraussetzungen** zu kämpfen haben. Es gibt einfach noch keine gut ausgebaute Öko-Infrastruktur, auf die sie zurückgreifen könnten. Zwischen Idealzustand und Realität liegen Welten. Als westlicher Tourist muss man sich im Klaren sein, dass hier kein Öko-Programm nach unserem gehobenen Standard erwartet werden kann, sondern schon kleine Verbesserungen

Anerkennung verdienen. Nicht Bio-Wohlstand wird hier geboten, sondern bestenfalls etwas weniger Zerstörung.

Ich habe zum Beispiel einige Zeit in einer günstigen Hütte in einem solchen 'Eco Resort' verbracht und mich die ganze Zeit über gefragt, **was genau denn hier 'öko' sein soll**? Ja, gut, die Hütten waren in einem netten, recht grünen Garten angelegt. Vielleicht auch, weil die Hütten aus Holz waren? Wobei mir das Holz nicht besonders 'öko' vorkam. Es war auch viel seltsam lackiertes Sperrholz dabei. Die Badezimmer waren mit Plastik-Duschvorhängen 'gefliest'. Nach der Reinigung stank es wie überall sonst auch bestialisch nach giftiger Chemie. Und auf dem Menü des Restaurants war keine Spur von irgendwelchen Herkunftsangaben zu den Zutaten... weder bio, noch regional, noch sonst ein Zeichen, dass man sich hier besondere Gedanken gemacht hätte. Ein veganes Angebot suchte man vergeblich.

Was genau dieses Resort wohl von anderen, die 'nicht-öko' waren, unterschied? Die Betreiber waren sehr freundlich und hilfsbereit und ich wollte mit meiner Frage nicht unverschämt klingen. Aber gegen Ende meines Besuchs ergab sich in einem netten Gespräch die Gelegenheit, mir die **umweltfreundlichen Initiativen des Betriebs** näher erläutern zu lassen. Und da habe ich nicht schlecht gestaunt. Denn was für uns zum normalen Alltag gehört, um nicht zu sagen ein absolutes Minimum an grünem Aktionismus darstellt, qualifiziert hier scheinbar schon zum besonderen Öko-Label.

So sammeln zum Beispiel die Reinigungskräfte die zahlreichen, von Gästen zurück gelassenen, **Plastik-Getränkeflaschen** separat ein und geben sie gebündelt bei der Stadt ab. So soll Plastik recycelt werden und die Damen verdienen sich ein wenig Kleingeld dazu. Diese kleine Geste ist jedoch schon logistisch eine Herausforderung, da die Damen die Flaschen gerne auf dem Gelände 'heimlich' hinter einem Gebäude sammeln, um nicht zu oft zur Abgabestelle marschieren zu müssen. Dieser Berg wächst

jedoch – angesichts des starken Plastikflaschen-Verbrauchs der 'Öko'-Touristen – in rasendem Tempo und ist schnell nicht mehr so 'heimlich', so dass die Eigentümer des Resorts ständig mit der Entsorgung zu kämpfen haben.
☞ An dieser Stelle auch noch mal die Erinnerung an die Alternative Lösung in Form eines **Lifestraws** ecoco.bio/lifestraw (siehe Kapitel 'Gesundheit > Tipps für die Packliste').

Außerdem erzählte mir die Betreiberin stolz, dass das **Laub** der vielen Bäume auf dem Gelände zusammengerecht und **kompostiert** werde. Ja klar, was soll man denn sonst auch damit machen?! Es stellt sich heraus, dass die übliche Entsorgungsweise in schön lodernden Feuern in Hinterhöfen oder auch vorne auf der Straße endet. Tatsächlich kann ich bestätigen, dass man solche Feuer alltäglich beobachtet. Und riecht. Denn Laub macht wahrscheinlich den kleinsten Anteil des Mülls auf diesem Lagerfeuer aus. Nichtsdestotrotz, notieren wir: das Laub nicht zu verbrennen ist also ganz schön radikal 'öko'.

Eine andere gruselige Sache ist, dass diese **Hütten** in Goa nach der Saison **wegen der Regenzeit abgebaut** werden. Dies ist von der Regierung so vorgeschrieben. Nach dem Monsun herrscht im Handwerksgewerbe dann Hochbetrieb, denn es müssen Hunderte, wenn nicht sogar Tausende neue Hütten in kürzester Zeit wieder errichtet werden. Das tragische an der Geschichte ist, dass bis dahin ein Großteil der Materialien der letzten Saison auf dem Müll gelandet ist. Das Fundament und Grundgerüst mögen noch brauchbar sein, vielleicht auch einige Platten für die Wände – aber selbst diese müssen dank der Holzwürmer regelmäßig erneuert werden.

Das größte Problem sind vermutlich die Innenverkleidung und **Ausstattung – Plastik** soweit das Auge reicht. Alles wird mit Folien in irgendeiner Form überzogen. Die Böden, die Wände, die Decken, die Bäder. Auch in Plastik eingeschweißte Matratzen habe ich gesehen. Wer also 'öko' sein möchte, versucht weniger Plastik einzusetzen und so viel wie möglich davon auch noch mal wiederzuverwenden. So kann es also sein, dass man sich im Öko-Resort über die Wandverkleidung im Bad wundert, die aus einem Plastik-Duschvorhang besteht – tatsächlich handelt es sich aber im Vergleich zum Bad im konventionellen Nachbar-Resort um eine deutliche Plastik-Einsparung. Es ist eben nur der eine Plastik-Vorhang und nicht das ganze Sammelsurium an diversen Plastikmaterialien. Ganz schön öko.

Ich will nicht behaupten, dass es nicht auch in Goa möglich wäre, Tourismus inklusive Unterkunft und Ausstattung nachhaltig zu betreiben. Aber das Bewusstsein für umweltfreundliche Lösungen – oder viel mehr das **Bewusstsein für Umweltschädliches** – scheint noch nicht sehr weit entwickelt. So muss man wohl dankbar sein für das, was immerhin getan wird, und hoffen, dass die Entwicklung weiter positiv voran geht. Wie gesagt interessiert mich brennend, ob nicht die Öko- und Wellness-Resorts in den höheren Preisklassen hier schon mehr Initiative zeigen. Wenn du dazu berichten kannst, freue ich mich, von dir zu hören! Teile deine Erfahrungen in einem Kommentar auf der Webseite ecoco.bio/goa. Damit kannst du uns allen helfen, die Situation besser einzuschätzen!

Abschließend muss man leider sagen, dass eine **Low-Budget-Reise nach Goa mit Umweltschutz** aktuell wenig zu tun hat. Möglicherweise sieht es in anderen Preisklassen nicht viel besser aus. Man muss schon sehr vorsichtig wählen, welche Angebote man vor Ort unterstützt, um die schlimmsten Umweltfallen zu umgehen und einen wirklich schädlichen Tourismus nicht versehentlich zu unterstützen. Umso wichtiger ist es mit jedem ausgegebenen Rupee ein Zeichen zu setzen und grüne Projekte zu fördern, um die Entwicklung in eine positive Richtung zu lenken. Etwas, wofür keine Nachfrage da ist, wird auch nicht mehr angeboten.

# Unterkünfte in Goa

Wie du dem vorangegangenen Kapitel entnehmen kannst ist es nicht einfach, in Goa wirklich 'grüne' Unterkünfte nach unseren westlichen Vorstellungen zu finden. Wenn ich über Einrichtungen gestolpert bin, die einen recht ordentlichen Eindruck machen, habe ich sie in die **digitale Karte** eingetragen. Meistens handelt es sich dabei um Yoga- oder Ayurveda-Resorts, bei denen man kein Schnäppchen erwarten kann – aber sicher einen fantastischen Aufenthalt! Falls du einen solchen genießt würde er mich brennend interessieren!

Darüber hinaus, denke ich, sind Empfehlungen für einzelne Unterkünfte nicht mehr wirklich zeitgemäß und nicht die optimale Hilfe. Es gibt einfach zu viele Optionen und jeder Reisende hat eigene Bedürfnisse. Aber zum Glück gibt es heutzutage gut entwickelte **Buchungsplattformen** mit Bewertungssystemen und unzähligen Filtern, die jedem einzelnen ermöglichen genau die Unterkunft zu finden, die zu ihm passt! Viel hilfreicher finde ich es daher, zu wissen, **wie man auf diesen Plattformen genau das findet**, was man sucht. Dazu will ich mit dir ein paar Tipps aus meinen persönlichen Erfahrungen teilen.

## Warum Booking meine Nr.1 ist

☞ ecoco.bio/bookinggoa

Ich war kürzlich etwa ein halbes Jahr unterwegs und habe fast nur in Hotels, Hostels, Guesthouses und B&Bs übernachtet. In dieser Zeit konnte ich viel Erfahrung mit den verschiedensten Plattformen gewinnen und bin meistens doch wieder bei Booking.com gelandet. Zum einen wird diese Plattform von den **meisten Unterkunft-Anbietern** genutzt, so dass man fast jedes Zimmer, das auf dem Markt angeboten wird, dort findet – auf jeden Fall die größte Auswahl. Zum anderen hat das System die umfangreichsten **Filteroptionen**. Und auch die **Preise** habe ich noch nirgendwo günstiger gefunden.

## Wie du auf Booking findest was du suchst

☞ ecoco.bio/hotelsuche

Ich habe für dich ein **Video** aufgenommen, in dem ich dir ein paar Tricks für die Suche nach Unterkünften in Goa zeige. Du findest es wieder auf der Seite zu diesem Buch auf meinem Blog und dort auch den Link oben zu meinem Artikel mit ausführlichen Tipps und Tricks für die Unterkunft-Suche.

In diesem **Screencast Tutorial** zeige ich dir zum Beispiel ein paar spezielle Filteroptionen, die man leicht übersieht, oder alternative Auswahlmöglichkeiten für spezielle Zimmerwünsche. Mit diesen Tipps solltest du gut gerüstet sein, um schnell die perfekte Unterkunft für deinen Urlaub zu finden. Ich hoffe, sie sind für dich hilfreich!

Speziell für die Region Goa gilt auf jeden Fall, dass du im Grunde fast alles, was an Unterkünften online buchbar ist, auf Booking findest! Die Plattform ist wirklich sehr umfangreich. Trotzdem gibt es zwei weitere Portale, die ergänzend interessant sein können. Ich stelle sie dir kurz vor.

## Versteckte Perlen: Agoda

☞ ecoco.bio/agodagoa

Hin und wieder findet sich ein Anbieter in der Region Goa, der sein **Angebot nicht auf Booking gelistet** hat, sondern auf Agoda. Ich vermute, diese Webseite war hier früher einmal die dominante Plattform, da sie aus Asien stammt. Inzwischen gehört das Portal ebenfalls dem Betreiber von Booking und vermutlich verschmelzen die Seiten irgendwann. Wie gesagt finde ich auch das System und die Filter bei Booking praktischer für den Nutzer. Aber falls du Lust hast weiter zu stöbern, schau' ruhig auch mal bei Agoda rein.

## Privatzimmer und Ferienwohnungen: AirBnB

☞ ecoco.bio/airbnb

Und dann gibt es natürlich auch noch AirBnB. Ursprünglich haben hier Privatleute freie Zimmer in ihrer Wohnung für Besucher angeboten. Zwischenzeitlich finden sich hier jedoch auch Hotels und Guesthouses. Anders herum sind viele der Zimmer von AirBnB inzwischen auch auf Booking zu finden.

Trotzdem kann es interessant sein, auch mal bei AirBnB reinzuschauen, wenn man eine **Unterkunft mit persönlicher Note** sucht. Privatleute sind häufig eher auf AirBnB aktiv. Ein Grund hierfür ist, dass die Gebühren niedriger sind – weswegen auch die professionellen Pensionen auf die Plattform drängen. Auf jeden Fall kann man auch auf AirBnB interessante Angebote in Goa finden.

Wenn du über meinen Link oben buchst, bekommst du bei AirBnB EUR 28 **Rabatt** auf die erste Buchung einer Übernachtung und EUR 10 Rabatt auf die Buchung eines Erlebnisses.

Wenn du sicher ein Hotel suchst – also eher keine Ferienwohnung oder ein privat vermietetes Zimmer –, würde ich allerdings Booking empfehlen, da ich hier die Filteroptionen ausgefeilter finde. Damit kommt man in dieser Kategorie in meiner Erfahrung einfacher zu besseren Ergebnissen und es sind mehr Unterkünfte zur Auswahl gelistet.

## Selbst zum Vermieter werden?

Vielleicht hast du bei deinen Zimmer-Recherchen Lust bekommen, selbst Gäste willkommen zu heißen und dir mit einem leer stehenden Zimmer ein paar Euro dazu zu verdienen? Oder vielleicht betreibst du schon eine professionelle Pension und bist damit noch nicht online?

Über folgende Links kannst du ganz einfach auch dein eigenes Zimmer oder deine Unterkunft listen und Gästen anbieten:

☞ ecoco.bio/bookinghost

☞ ecoco.bio/airbnbhost.

## Die Tipps & Tricks der Profis lernen

Vielleicht fühlst du dich noch unsicher im Vermietungsgeschäft? Oder du willst es richtig optimieren, um das meiste für dich und deine Gäste herauszuholen? Wenn du neugierig auf ein paar Tipps bist, wie du dein Projekt sicher erfolgreich machst und Fehler vermeidest, dann habe ich noch etwas für dich. Es gibt nämlich jemanden, der das **AirBnB-Business** sozusagen perfektioniert hat und seine Strategien und Erfahrungen teilt!

Vielleicht kennst du Bastian Barami auch schon, den Gründer von Officeflucht. Er ist durch seinen Blog und aus zahlreichen Podcasts und Online-Medien bekannt. Zuletzt eben durch seine Erfolge als Superhost mit AirBnB-Projekten. Man könnte sagen, er hat auf Basis des ursprünglichen AirBnB-Konzeptes ein **ausgeklügeltes System** entwickelt und somit ein geniales Business-Modell geschaffen, das relativ einfach umzusetzen ist. Vermietungen nach diesem Modell sind leicht skalierbar, du brauchst nicht viel Kapital und du kannst das Geschäft durch die automatisierten Prozesse und mithilfe von moderner Technik ortsunabhängig betreiben. Unter anderem hat Bastian

**vollautomatisierte Vermietungs-Abläufe** ausgetüftelt, die dir als Vermieter enorm Zeit sparen und dir helfen, auf der Plattform bald zu den beliebtesten Unterkünften deiner Stadt aufzusteigen.
So stellst du auch sicher, dass die Buchung für deine Gäste reibungslos verläuft und du sie mit einem gelungenen Urlaubserlebnis begeisterst. Wenn du selbst schon mal eine Wohnung eingerichtet und angemietet hast, hast du bereits die besten Voraussetzungen, um auch Vermieter zu werden und mit Bastians Unterstützung erfolgreich auf AirBnB durchzustarten.

Damit du das Rad nicht selbst neu erfinden musst, gibt er sein Wissen, Tricks und Erfahrungen in seinem **Webinar- und Kursprogramm** weiter. Denn für viele kleine Herausforderungen und Stolperfallen haben andere sich schon Lösungen überlegt – und du kannst dir die Tüftelei und erste Probleme sparen. Und deine Gäste werden es dir danken ☺. Wenn du deine Vermietungen also super effizient und erfolgsversprechend angehen willst und auf die besten AirBnB-Tricks der Profis gespannt bist, schau' dir das kostenlose Webinar an. Und wenn du noch tiefer ins Thema eintauchen willst, hast du danach auch die Möglichkeit an Bastians Online-Kurs teilzunehmen. Viel Spaß und Erfolg! Und sobald du dein Projekt gestartet hast, berichte doch!

Zum kostenlosen
**Officeflucht AirBnB-Webinar**:
☞ ecoco.bio/airbnbkurs

## Unvergessliche Urlaubsreisen in Goa: Tripaneer

☞ ecoco.bio/tripaneergoa

Jetzt habe ich noch eine besondere Empfehlung für dich, auf die ich erst kürzlich gestoßen bin. Über diese Entdeckung habe ich mich sehr gefreut!

Ein Manko an den großen Plattformen finde ich nämlich, dass man keine Möglichkeit hat, **'öko' oder 'vegane' Angebote** herauszufiltern. Alternativ gibt es kleine, spezialisierte Plattformen für diese Nischen, dort sind aber erst wenige Angebote gelistet. Das bedeutet, wenn man schon ein bestimmtes Ziel im Kopf hat, läuft die Suche oft ins Leere.

Daher war ich geradezu entzückt, das junge Portal **Tripaneer** zu entdecken! Hier listen Reiseveranstalter ihre Urlaubspakete zu den **unterschiedlichsten Hobbys und Interessensgebieten** – weltweit. Das Angebot ist unglaublich vielfältig! Es gibt Kategorien für die verschiedensten Sportarten, Freizeitaktivitäten und Interessen sowie hilfreiche Filteroptionen, mit denen man die passenden Reiseangebote heraussuchen kann.

Und – unglaublich aber wahr – tatsächlich sind unter den Filtern auch die **Optionen 'eco' und 'vegan'** zu finden! Und tatsächlich kann man sogar beide kombinieren und findet weltweit immer noch zahlreiche Listings!

Daher mein besonderer Tipp an dieser Stelle: schau' doch mal rein, was auf **Tripaneer in Goa** angeboten wird. Vielleicht ist für dich ja genau das Richtige dabei! Aktuell sehe ich für die Region etwa 300 Angebote – davon 40 vegan und 17 öko, das ist doch schon ganz ordentlich! Es gibt sogar 3 Angebote für **Rohkost-**Reisen!

Die entsprechenden **Filteroptionen** findest du links unter 'Categories' und dann
'Focus/Atmosphere' > **'Eco'** bzw.
'Food' > **'Vegan'**, auch **'Raw Food'** oder **'Organic'**.
Auch hierzu habe ich ein Video vorbereitet, in dem ich dir kurz zeige wo die Filteroptionen zu finden sind. Es ist ebenfalls auf der Webseite zu diesem Buch hinterlegt sowie in meinem bereits erwähnten Artikel auf ecoco.bio/hotelsuche.

Spannend sind auch die vielen verschiedenen **Aktivitäten**, die auf Tripaneer angeboten werden! Ich versuche gar nicht erst, sie aufzuzählen … das Angebot ist enorm breit! Schau' einfach mal rein – wieder links unter 'Categories', und dann 'Activities'.

Viel Spaß beim Stöbern! Ich wünsche dir einen absoluten Traumurlaub!

# TRANSPORT UND MOBILITÄT

## An- und Abreise Flughafen Goa

Goa ist per Flugzeug, Zug und Bus zu erreichen. Egal aus welchen anderen Teilen Indiens man kommt, ist man mit letzteren jedoch viele Stunden bis Tage unterwegs. Die meisten Besucher werden daher mit dem Flugzeug anreisen und am einzigen internationalen Flughafen in Vasco ankommen: **Dabolim**. Die zentrale Lage im Bundesstaat bedeutet, dass man in alle Richtungen gut weiterkommt. In den Süden nach Palolem sind es nur grob 60 km. Diese sind mit einem Auto in etwa 1,5 Stunden zu schaffen oder mit Bussen in etwa 2,5 Stunden. Oder laut Google auch mit einem 12-stündigen Fußmarsch, wenn dir danach sein sollte. Zu der letzten Option kann ich dir persönlich (noch) nichts berichten, aber die anderen beiden erkläre ich schnell.

Der Flughafen in Goa ist überschaubar. Aktuell sind es vier Gepäckbänder. Man ist zügig vom Flugzeug im Gebäude, durch 'Immigrations' (Einwanderungsbehörde), und raus. Folgendes sollte man nun vorab schon wissen: einmal zum **Ausgang raus, kommt man nicht mehr hinein**. Eingänge zu Flughäfen in Indien werden von Herren in Militäruniform überwacht und man erhält nur mit gültiger Boardkarte Zutritt. Was bei längeren Transitaufenthalten etwas nervig sein kann. Aber das wäre noch mal eine andere Geschichte. Worauf ich hinaus wollte ist, dass der **Taxischalter** noch innerhalb des Gebäudes vor dem Ausgang zu finden ist und man sich rechtzeitig entscheiden sollte, ob man ein Taxi benötigt. Und wenn ja, geht's im nächsten Abschnitt weiter. ☺

# Taxi und Tuktuk

Vor dem Ausgang befindet sich also der Schalter, an dem man zu den **staatlich festgelegten Preisen ein Taxi bestellen** kann und somit mögliche Verhandlungen umgeht. Dies ist die einfachste Variante. Wobei ich sagen muss, dass ich nur gute Erfahrungen mit Taxis und Tuktuks gemacht habe und mir immer die bekannten Fixpreise genannt wurden. Ich hatte nie das Gefühl, dass ein Fahrer versucht mich übers Ohr zu hauen. Ich stelle daher mal die These in den Raum, ob entsprechende Warnungen vielleicht mit Erfahrungen in anderen Gegenden Indiens oder Asiens zusammenhängen und nicht uneingeschränkt auf Goa übertragbar sind.

Für Goa gibt es also eine Art fixe **Preisliste**, fast wie im öffentlichen Nahverkehr, und die Fahrer scheinen sich daran zu halten. Offensichtlich sorgt hier auch der Wettbewerb für Selbstregulierung, denn sollte ein Fahrer versuchen seine Kollegen zu unterbieten, bekommt er ordentlich 'eins aufs Dach'. Die offizielle Preisliste kann man online einsehen:

☞ goa-tourism.com/taxi_rates

Für Fahrzeuge mit **Klimaanlage** wird für gewöhnlich ein höherer Preis veranschlagt als wenn dieser Luxus nicht geboten ist. Ebenso kosten Auto-Taxis mehr als Tuktuks. Tuktuks werden aber meist auch nur auf kürzeren Strecken eingesetzt: innerorts oder für eine Fahrt zum Nachbarort.

Neu ist eine **App** für die Buchung von Taxifahrten: **Goa Miles** – eine Art indische Variante der bekannten Uber-App [26]. Ich habe

[26] Erklärung zu 'Uber': Es handelt sich um eine Taxi-App. Das Unternehmen bietet Online-Vermittlungsdienste zur Personenbeförderung an. uber.com

sie noch nicht ausprobiert, aber der Service soll gut funktionieren.

☞ goamiles.com

Für die Fahrt vom Flughafen in den Süden, in die Gegend um **Palolem**, muss man aktuell mit +/- INR 2000 rechnen. Unterkünfte organisieren auch gerne vorab schon die Abholung am Flughafen. Das ist dann die absolut stressfreieste Variante. Auch wenn man über Unterkünfte oder Restaurants Taxis rufen lässt, bekommt man immer wieder die gleichen Preise genannt. Ich denke, man sollte sich daher entspannen. Ich habe die Fahrer immer als freundlich und sehr, sehr hilfsbereit erlebt. Und doch gibt es viele Vorurteile. Mir scheint, sie haben das nicht verdient und wir sollten ihnen als Freund begegnen.

Alternativ zum Taxischalter könnte man auch draußen vor dem Flughafen ein Taxi suchen. Einen besseren Preis wird man aus den genannten Gründen aber kaum bekommen. **Taxameter** sieht man in Goa übrigens nicht. Vor dem Einsteigen fragt man einfach nach dem Preis und einigt sich. Und wie gesagt sind es praktisch Fixpreise. Ich habe nicht erlebt, dass viel Raum für Verhandlungen gegeben ist. Ich hatte eher den Eindruck, dass die Fahrer sich auf den Schlips getreten fühlen, wenn man ihre Preise hinterfragt. Aber vielleicht bin ich auch nur schlecht im Verhandeln. Schau' es dir selbst an und berichte mir wie du es erlebst. Aber irgendwie reagierten die Fahrer nervös. Möglicherweise fürchten sie auch strafende Kollegen. Wie erwähnt sehen letztere es nicht gerne, wenn man sich nicht an die Preise hält und sind wachsam. Mir wurde auch schon berichtet, dass ein Uber-Fahrer – während einer Fahrt mit Kunden im Auto – von Tuktuk-Fahrern verprügelt wurde, weil Uber günstigere Preise abrechnet. Die gesetzliche Preisliste bezieht sich auf 'Touristen-Taxis'. Ich vermute, dass Uber-Taxis nicht in diese Kategorie eingeordnet werden und daher andere Preise verlangen können.

Wenn man im Dorf den Kontakt zu einem verlässlichen Fahrer aufgenommen hat, ist es außerdem üblich, sich die Karte geben zu lassen und bei Bedarf an ihn zu wenden, als persönlichen Chauffeur des Vertrauens. Das gilt nicht nur für Fahrten im Dorf. Sie begleiten Gäste auch gerne auf längeren Strecken oder **Ganztages-Touren** und warten geduldig zwischen den Stopps. Achte nur darauf, dass du vorher alle gewünschten Ziele für die Tour klar vermittelst, damit es nicht zu Missverständnissen oder Aufpreisen kommt. Übrigens kann es auch vorkommen, dass der Fahrer kurze Fahrten für andere Kunden annimmt, während er wartet. Das ist normal. Falls du dies nicht wünscht, musst du es vorher klären.

Aber auch wenn man keinen direkten Kontakt zu einem Fahrer hat, stehen **überall Tuktuks** bereit. Man findet sie an Taxiständen oder signalisiert einfach einem vorbeifahrenden Dreirad anzuhalten. Für kurze Fahrten liegt der Mindestpreis aktuell bei INR 100 (könnte aber jederzeit steigen – er wird regelmäßig angepasst). Fahrten von einer Ortschaft zur nächsten kosten je nach Distanz mehrere Hundert Rupien, liegen aber preislich immer etwas unter den Taxipreisen.

## Bus

### Regionale Busse in Goa

In den Reiseführern, die ich mir angeschaut habe, wurde der Bus nie wirklich als Alternative zum Taxi dargestellt. Dabei fahren ständig Busse und sie sind **unübertrefflich günstig**. Vor allem wenn du mit leichtem Gepäck reist, würde ich dir vorschlagen, eine Busfahrt in Erwägung zu ziehen. Aber auch für Koffer gibt es Stauraum – und es ist erstaunlich wofür dieser nicht alles verwendet wird! Wie auf den Skootern wird auch im öffentlichen

Nahverkehr einfach alles transportiert. Wenn du also Lust auf ein kleines Abenteuer hast, kannst du für etwa INR 80 (ja, richtig gelesen: achtzig) vom Flughafen nach Chaudi fahren – statt für ca. INR 2000 mit dem Taxi. Eine nicht zu verachtende Ersparnis.

Die Route heißt dann **Vasco (Dabolim Airport) – Margao – Canacona (Chaudi)** oder umgekehrt. Es gibt keine fixen Fahrpläne, sondern Start- und Endzeiten, von früh morgens bis spät nachts, und dazwischen fahren die Busse ständig, etwa alle 15 Min. Etwa zwei Mal am Tag kann man auch direkt in Agonda oder Palolem einsteigen, an praktischen Stellen, die nicht als Bushaltestellen gekennzeichnet sind – Taxifahrer fragen, die wissen Bescheid. Falls die Zeiten ungünstig liegen, nimmt man den Bus oder ein Tuktuk nach Chaudi zum zentralen Busbahnhof und von dort den Bus nach Margao. In Margao steigt man dann einmal um Richtung Flughafen. Oder umgekehrt.

Auch sonst kommt man **in Goa mit dem Bus überall hin**. Egal welches Endziel du dir aussuchst, findest du ziemlich sicher eine Verbindung. Einfach durchfragen. Und notfalls die letzten Meter mit dem Tuktuk bewältigen.

Ich muss dazu vielleicht noch kurz erklären: Den richtigen Bus findet man indem man sich durchfragt und wie ein **Pingpong**-Ball von einer hilfreichen Person zur nächsten weitergeleitet wird, bis man sich schließlich in einem Bus mit Wunschdestination wiederfindet – je nach Befüllungsstadium stehend oder, mit etwas Glück, sitzend.

**Tickets kauft man im Bus**. Es ist immer ein Busbegleiter mit an Bord. Er ruft die Haltestellen aus und kassiert. Entweder läuft er während der Fahrt durch den Bus oder man zahlt beim Ausstieg. An größeren Busbahnhöfen wie in Margao kann man auch am Schalter ein Ticket vorab kaufen und damit einsteigen. Allerdings ist mir folgendes passiert …

Ich hatte nun also **mein Bus-Ticket zum Flughafen** am Schalter in Margao gekauft. Für INR 36. Wobei ich, nebenbei gemerkt, die INR 4 Wechselgeld gar nicht bekommen habe. Es wurde kulant aufgerundet. Passt schon. Wir wollen ja nicht kleinlich sein. Verbuchen wir es als Trinkgeld für den freundlichen Service. Der nette Herr hatte nämlich auch gleich auf einen Bus direkt vor dem Schalter gezeigt und signalisiert: "Airport!". Prima! Danke!

Ich huschte also schnell rüber ... fragte sicherheitshalber noch mal nach: "Airport?" ... und ... wurde von dem Busbegleiter abgefangen und mit ausgestrecktem Arm umgeleitet ... *ping* ... aha ... dieser Bus war wohl noch nicht an der Reihe befüllt zu werden ... da musste noch ein anderer sein, der kurz vor Abfahrt stand ... Also, ein paar Busse weiter ... Da stand auch schon der nächste Begleiter und rief Reiseziele aus. "Airport?" ... "Airport!" Er streckte den Arm aus, zeigte auf den Bus zu seiner Seite ... *pong* ... scharfe Rechtskurve ... An der Türe stand ein weiterer Herr in Uniform, der zuständige Begleiter ... "Airport?" Er nickte und zeigte auf den Einstieg, "Airport!", und widmete sich schnell wieder dem hektischen, lautstarken und für mich völlig unverständlichen Ausruf seiner Haltestellen. Ich stieg also ein, entzückt darüber, freie Sitze zu erblicken und quetschte mich, inklusive Rucksack, auf einen Platz neben einer sympathisch aussehenden Dame.

Die Befüllung des Buses wurde noch etwa eine Viertelstunde fortgesetzt, bis auch der letzte Quadratzentimeter eingenommen war ... und wirklich jeder Passagier irgendeine Form von Körperkontakt genoss. Und schon ging es los.

Wenig später quetschte sich der Busbegleiter durch den Gang ... an den Menschen vorbei ... oder durch sie hindurch? Es ist mir rätselhaft, wie es funktioniert. Aber es funktioniert. Auf jeden Fall kassierte er. Ich zeigte ihm mein Ticket. Er winkte ab und signalisierte in etwa 'nur Bares ist Wahres'. Hä? Ich versuchte zu erklären, dass ich in Margao bereits bezahlt hatte. Die Kommunikation gestaltete sich allerdings schwierig, er sprach kein Englisch. Und ich kein Konkani. Ich wiederholte, dass ich bezahlt hatte. Er wiederholte seine Handgeste und forderte offensichtlich Geld. Dann schaltet sich meine nette Nebensitzerin ein und erklärte mir, dass mein Ticket in diesem Bus nicht gelte. Auf meiner Stirn muss sich ein sichtbares Fragezeichen gebildet haben, denn sie fügte nach kurzer Pause hinzu: "It's private."

Nun war ich wohl irgendwie in einem privat betriebenen Bus gelandet statt auf der staatlichen Linie. Mir war gar nicht bewusst gewesen, dass das Transport-Angebot sich so vielfältig gestaltete. Aber mein Ticket war wertlos. Und 'privat' klang teuer. Mist. Nächste Frage also: welchen Betrag möchte er denn von mir haben? Und ... kaum zu glauben ... INR 25 sollten es sein! Ein Schnäppchen! Am Ticketschalter hatte ich INR 36 gezahlt!

Also kramte ich mein Bargeld heraus und beglich meine Schuld. Und grübelte noch ein wenig, ob es wirklich sein konnte, dass der Privatbus billiger war als die staatliche Konkurrenz. Ob er wirklich zum Flughafen fuhr? Vielleicht saß ich auf einer ganz falschen Strecke? Aber tatsächlich bin ich prima angekommen!

Doch die Moral von der Geschicht': am besten direkt im Bus bezahlen. So lange man sich mit den Bussen vor Ort nicht gut auskennt und regelmäßig die Strecken fährt, weiß man nie so recht in was für einem Bus man landet.

**Langstreckenbusse** kann man auch online buchen über **Redbus**:

☞ redbus.in

Hier findet man vor allem Verbindungen in andere Teile Indiens. Bei der Suche nach Verbindungen kannst du als Haltestelle für die südliche Region 'Canacona' eingeben. Dies ist der größere, zentrale Busbahnhof in Chaudi, von dem Fernbusse abfahren. Haltestellen in den kleineren umliegenden Städtchen sind im System möglicherweise nicht aufgeführt. Falls die Zahlung mit ausländischer Kreditkarte nicht funktioniert, versuche es mit den digitalen Zahlungsmöglichkeiten wie Amazon Pay.

## Bahn

Mit dem Zug gibt es **keine direkte Verbindung zum Flughafen**. Die nächste Haltestelle wäre **Karmali**, in der Nähe von Old Goa (Goa Velha). Und dorthin findet man mit Sicherheit einen Bus. Ab Karmali führt die Bahnlinie Richtung Süden nach Margao und Canacona (Chaudi). Das Ticket von Karmali nach Canacona kostete im Dezember 2018 genau INR 50. Allerdings fahren die Züge nicht so häufig wie die Busse. Es gibt nur etwa 3 Verbindungen am Tag – und Abfahrtszeiten sind nur grobe Richtzeiten, im wahrsten Sinne. Angaben zu Fahrplänen, die ich auf verschiedenen Seiten im Internet, in Apps oder auch über Google Maps gefunden habe, waren leider nicht korrekt. Die goanische Bahn scheint die Digitalisierung noch nicht in Angriff genommen zu haben. Verlass' dich daher besser nur auf die Auskunft direkt vor Ort. (Und solltest du herausfinden, dass sich hier etwas geändert hat, würde ich mich über die neuen Infos sehr freuen!)

Den Zug würde ich daher nur empfehlen, wenn man vielleicht die ersten ein oder zwei Tage direkt in Panaji und Old Goa verbringen will und in dieser Zeit mal am Bahnhof vorbeischauen kann, um sich **nach den aktuellen Abfahrtszeiten zu erkunden**. Dann lässt sich die Zugfahrt gut planen. Wenn man direkt ab Flughafen zum Zug möchte, läuft man Gefahr lange Wartezeiten in Kauf nehmen zu müssen. Ebenso ist eine Zugfahrt für die Rückfahrt zum Flughafen oder für Tagesausflüge nach Panaji oder Old Goa gut planbar.

## Fahrzeuge mieten

Die größte Mobilität und Flexibilität hat man sicher mit einem Roller a.k.a. **Skooter**. Damit kann man auch abseits der Buslinien auf Erkundungstour gehen und bleibt nie irgendwo stecken, falls kein Taxi auffindbar sein sollte. In der Unterkunft angekommen, lässt sich ein solches motorisiertes Zweirad problemlos organisieren. Es gibt in jeder Ortschaft zahlreiche Anbieter. Am besten bittet man die Unterkunft um eine Empfehlung.

Allerdings ist **Vorsicht auf der Straße** geboten. Es herrscht Linksverkehr, was für den Kontinental-Europäer gewöhnungsbedürftig sein mag. Der Verkehr ist chaotisch, die Straßen eng und kurvenreich, die Beläge oft eine Herausforderung für fahrtechnisches Geschick. Fahrer unter Alkohol- oder Drogeneinfluss sind eine reelle Gefahr. Täglich gibt es Unfälle mit Skootern und Motorrädern.

Auch wenn Skooter die häufigste Wahl sind und zum Stadtbild dazu gehören, gibt es auch in Goa **Autos** anzumieten und wer auf der sichereren Seite sein möchte, könnte diese Option in Erwägung ziehen.

**Mietkosten** für einen **Skooter** fangen bei etwa INR 350 pro Tag an und werden günstiger umso länger man das Fahrzeug anmietet. Ab zwei Wochen bekommt man das Gerät auch schon zum halben

Preis. Bei **Autos** ist die Preisspanne wie auch an anderen Orten der Welt breit und richtet sich nach den Fahrzeug-Modellen. Mit etwas Glück wird man schon für INR 1000 pro Tag mobil, man kann aber auch ein Vielfaches davon ausgeben. Auch hier fallen die Preise enorm, umso länger man das Auto anmietet. Eine Monatsmiete könnte nur ein Drittel des Tagessatzes kosten.

Wer eine ganze Saison in Goa verbringt, könnte sich auch überlegen, ein **Auto zu kaufen** und bei Abreise wieder zu verhökern. Dabei muss allerdings ein Goaner offiziell der Eigentümer werden, was das Vorhaben zwar nicht unmöglich macht, aber etwas erschwert. Örtliche Händler oder auch Betreiber der Unterkunft können eventuell weiterhelfen.

Achte auf jeden Fall darauf, den **internationalen Führerschein** und die **Papiere** für das Fahrzeug unterwegs bei dir zu führen. Es werden regelmäßig Kontrollen durchgeführt. Auch muss auf **Skootern ein Helm** getragen werden.

## Zu Fuss unterwegs

Die Straßen in Goa sind **nicht für Fußgänger** gemacht. Fast nirgendwo gibt es Gehwege. Man quetscht sich am holprigen Straßenrand entlang, den man auch noch mit Kühen und Hunden teilen muss und wird ständig von Taxis, Tuktuks, Skootern und anderen Fahrzeugen erschreckt, die mehr oder weniger rücksichtsvoll vorbei rauschen. Genüsslich spazieren kann man eigentlich nur am Strand. Vielleicht auch, wenn man direkt innerhalb eines kleinen Ortes nahegelegen etwas zu erledigen hat – aber selbst dieser kurze Marsch kann Stress auslösen. Bei längeren Distanzen kommt man nicht drum herum, die erwähnten Verkehrsmittel zu nutzen.

Wenn du zu Fuss unterwegs bist, sei sehr vorsichtig und aufmerksam! Mein Tipp ist, immer **auf der rechten Seite** zu laufen, so dass du den entgegenkommenden Verkehr siehst und falls nötig hoffentlich rechtzeitig reagieren kannst. Und selbst dann kommen die Fahrzeuge von der linken Seite oft erschreckend nahe. Lauf' auf keinen Fall im Dunkeln an unbelichteten Straßen entlang – und nur die wenigstens haben eine Straßenbeleuchtung. Trage immer eine **Taschenlampe** bei dir, mindestens die Taschenlampe im (stets gut aufgeladenen) Smartphone für den Notfall.

Gajaha Patnem

# GESUND SCHLEMMEN

Zunächst die gute Nachricht: in Goa, wie auch sonst in Indien, bekommt man **überall etwas rein Pflanzliches** zu essen – ein leckeres veganes Curry gibt es immer! Und wenn man sich an Reis als Beilage hält, bleibt das Gericht auch glutenfrei. Vegan – und auch glutenfrei – zu essen ist hier grundsätzlich viel leichter als in den meisten westlichen Nationen. Außerdem gibt es ein üppiges Angebot an frischen Früchten für extra Vitamine!

Der Teufel steckt jedoch im Detail. Oft fehlt es an Bewusstsein und einem Verständnis für die Thematik. Oft werden die Angaben auf der Karte nicht so genau genommen und man bekommt gerne auch mal eine kreative Variante dessen, was man eigentlich laut Menü bestellt hat. Daher empfehle ich, immer noch mal nachzufragen und sehr genau zu erklären, was man sich unter dem Essenswunsch vorstellt. Vor allem bei **Intoleranzen** sollte man sich nicht auf die Karte verlassen, sondern immer das Gespräch suchen.

Leider kann die **Kommunikation** in gewöhnlichen Restaurants eine Herausforderung sein. Sei darauf vorbereitet, dass das Personal oft ungeschult ist und gerne mal nickt und "Ja ... ja ..." sagt, ohne wirklich verstanden zu haben worum es geht. Und selbst wenn der Kellner besonders hilfsbereit ist und Sonderwünsche notiert, kann die Kommunikation in der Küche auf der Strecke bleiben und man bekommt doch wieder etwas anderes als vereinbart. Wer also Allergien hat und wirklich aufpassen muss, den muss ich leider warnen, dass er sich in den meisten Restaurants nicht auf eine sichere Versorgung verlassen sollte.

Da Süd-Goa jedoch touristisch gut erschlossen ist, gibt es auch einige westlich inspirierte **Health Food Restaurants**, die hier schon eher helfen können. Auch sollte man hoffen dürfen, dass in sehr hochklassigen Betrieben genauer auf Details geachtet wird – wer über entsprechendes Budget verfügt, könnte hier sein Glück versuchen.

Dies gesagt, ist es wirklich einfach sich kulinarisch zurecht zu finden und auch als Veganer etwas Essbares zu bekommen! Ich will versuchen, dir einen Überblick über das reichhaltige und unglaublich deliziöse Angebot in Goa zu verschaffen. Im ersten Teil, nennen wir ihn 'Food Guide', erkläre ich dir einige spezielle Lebensmittel und Besonderheiten der lokalen Küche. Im **kulinarischen Wörterbuch** im Anhang findest du außerdem viele Vokabeln von der Karte erklärt, über die du regelmäßig stolpern wirst.

## Restaurant-Typen

### Authentisch indische Restaurants

Hier handelt es sich oft um **kleine Familienbetriebe**. Es gibt darunter 'richtige' Restaurants und oft auch kleinere, die eher einer Imbissbude mit ein paar wenigen Sitzgelegenheiten ähneln. Serviert werden typische Gerichte wie Thali (oder Taali), Idli, Dosa, Uttapam, Vada und natürlich Currys. Die besten Preise bekommt man, wenn man sich von den Hauptstraßen direkt am Strand entfernt und ein paar Straßen weiter im 'Hinterland' sucht. Dort bekommt man ein Thali zum Beispiel schon für INR 80, wofür man am Strand auch das Dreifache bezahlen kann. Doch auch in der Touri-Straße lässt sich das ein oder andere kleinere Restaurant finden, wo ein Thali vielleicht INR 100-120 kostet. Ebenso kann ein frischer Papaya-Saft INR 50-80 kosten, oder auch INR 150 und mehr. Die **Preise** werden sich von Jahr zu Jahr natürlich ändern. Meine Angaben sind nur grobe Richtwerte, damit du ein Gefühl für die krassen Unterschiede bekommst.

Qualitativ stehen die authentischen indischen Restaurants den Touri-Betrieben in nichts nach – wenn sie nicht sogar **besseres Essen** zaubern. Sie sind meist gut besucht, haben weniger Gerichte auf der Karte, verarbeiten daher immer frische Zutaten und lagern sicher nur wenig für längere Zeit. Wer also mit einem kleinen Geldbeutel unterwegs ist, kann sich gut von solchen kleinen Familienrestaurants verpflegen lassen. Aber auch wenn das Budget mehr zulässt, lohnt sich dennoch ein Besuch in einem lokalen Thali House.

In den kleineren Betrieben ist es nicht unbedingt üblich am Tisch die **Bestellung aufzugeben oder zu bezahlen**. Manchmal schon. Manchmal nicht. Am ehesten bekommt man das Menü noch gebracht – falls es eines gibt. Aber wenn du dich wunderst, dass keiner die Rechnung bringt, musst du wahrscheinlich an der Kasse zahlen – das ist oft der Fall und damit machst du auf jeden Fall nichts falsch.

*Dosa & Thali House Agonda*

## Multi-Cuisine Touristen-Restaurants

Damit meine ich Restaurants, Cafés und Strandbars, die meist an Guesthouses und Resorts angeschlossen sind und deren Existenz rein auf den **Tourismus** zurückzuführen ist. In weniger frequentierten indischen Dörfern würde man solche Restaurants nicht finden. Sie sind für gewöhnlich für alle zugänglich, nicht nur Gäste des Hauses, und machen den Großteil des gastronomischen Angebots in den Touri-Städtchen aus. Und die meisten haben ähnliche Karten.

Man kann bei der Wahl des Restaurants fast nichts falsch machen. Wir haben immer gut gegessen. So richtig enttäuschend war es nie. Ich sollte aber erwähnen, dass ich mir hier noch nie Pizza, Pasta, Burger und Co. bestellt habe, sondern viel indisch esse und mir zur Abwechslung mal etwas in einem Health-Food-Restaurant gönne. Aber auch was ich auf den Tellern anderer Gäste gesehen habe, hat einen guten Eindruck gemacht und die Gäste scheinen zufrieden zu sein.

Ein paar wenige Restaurants heben sich mit exquisiten Gourmet-Menüs von der Masse ab, werben mit international ausgebildeten Köchen und lassen sich dies auch bezahlen. Ansonsten ist das Angebot wie gesagt **überall recht ähnlich**. Auf der Karte findet man indische Gerichte, üblicherweise auch eine Auswahl chinesischer Mahlzeiten und oft westliche Speisen wie Burger, Pizza und Pasta. Regelmässig trifft man auch eine Handvoll mexikanischer Gerichte wie Buritos an oder Thai-Currys, -Nudeln und Suppen. Es dürfte wirklich jeder etwas nach seinem Geschmack finden.

Allgemein liegen die **Preise** in den Touri-Restaurants schon **deutlich höher** als bei den indischen Familienbetrieben. Während man ein Dal Fry (Linsen-Curry) im heimischen Gasthaus schon für

INR 100-140 bekommt, zahlt man am Strand schnell mal INR 180 oder mehr. Die meisten Hauptgerichte wie Currys liegen in den Multi-Cuisine Restaurants bei INR 200-300. Salate oder Spezialitäten kosten auch INR 300-400 und mehr. Indisches Essen ist für gewöhnlich auch hier etwas günstiger als westliche Gerichte. Während man in Europa für eine Pizza deutlich weniger zahlt als für eine Mahlzeit beim Inder, ist der Spieß hier eben umgedreht.

## Vegan / vegetarische Health-Food-Fusion-Restaurants

Davon gibt es eine ganze Reihe! Was sicher auf die westlichen Yoga-Touristen zurückzuführen ist. Ein paar der Restaurants und Cafés sind auch in westlichem Besitz – aber lange nicht alle. Dieses Essens- und Lebens-Konzept ist der indischen Kultur im Grunde sehr nah und Vieles, was wir in unserer westlichen Health-Food-Gastro wiederfinden, hat seinen Ursprung in Asien und fernen Ländern. Kein Wunder ist hier auch **vegetarisches Fusion-Food** häufig anzutreffen.

Man erkennt diese Restaurants auf einen Blick. Sie sind mit viel Liebe eingerichtet und strahlen schon von außen eine Wohlfühlatmosphäre aus. **Preislich** liegen wir hier ähnlich wie bei den Touri-Restaurants bei INR 200-400 für ein Hauptgericht. Allerdings liest sich das **Menü** etwas anders. Es gibt Milchalternativen aus Soja, Kokos oder Mandel, grüne Smoothies, Sprossen, vegane Omelettes, Pfannkuchen und Veggie-Burger, Superfoods wie Chia in leckeren Puddings, oder Nicecreams ohne Zusatz von Milch oder Zucker und so weiter ... eben alles, was das gesunde vegane Herz begehrt! Willkommen im Veggie-Himmel!

Auf der **Google Maps Karte** auf meinem Blog habe ich auch die besten Restaurants gesammelt! So findest du dich vor Ort schnell zurecht! Hier noch mal der Link:

☞ ecoco.bio/goa

*Mandala Café Agonda*

# Lebensmittel und Gerichte

Es folgen ein paar **Tipps und Hinweise** zu bestimmten Lebensmitteln oder Gerichten, die du für deine vegane und glutenfreie Reise in Goa hoffentlich hilfreich findest. Viele weitere Infos findest du auch in den Notizen im kulinarischen Wörterbuch.

## Milchprodukte und -ersatz

Nicht nur in den Veggie-Restaurants, auch in vielen der Touri-Restaurants bekommt man mindestens eine Milchalternative angeboten. Ich schätze, man wird in etwa einem von drei Betrieben fündig. Meistens handelt es sich dabei um Sojamilch und es wird ein Aufpreis von etwa INR 20 dafür verlangt. Gelegentlich gibt es auch Mandelmilch ('Almond') oder Kokosmilch. Dazu nun einige Hinweise.

Bei der **Kokosmilch** kann es sich um Dosen-Kokosmilch handeln wie wir sie zum Kochen verwenden. Sie ist sehr reichhaltig, etwas dickflüssig und mir wurde auch schon ein Cappuccino mit etwas puddingartiger Konsistenz serviert. Es handelt sich nicht um die Café-Kokosmilch, also den Pflanzendrink, wie er in Europa in Coffee Shops verwendet wird. Dieser ist eigentlich keine echte Kokosmilch, sondern eine Mischung aus Soja- oder Reismilch mit Kokos und hat dadurch ideale Eigenschaften für Getränke. Auch in Goa kann die Kokosmilch aber lecker und dünnflüssig sein, wenn sie selbst frisch zubereitet wurde – das heißt, aus frischen Kokosnüssen püriert ist. Vergleichsweise ähnelt die Dosenmilch einer Sahne – was sparsam eingesetzt ebenfalls lecker sein kann. Wem das ein oder andere nicht zusagt, der sollte vor der Bestellung nachfragen. Oder auf eine andere Alternative ausweichen.

Einen Vorteil hat Kokosmilch allerdings: sie ist **in jeder indischen Küche** zu finden! Ahnst du, was das bedeutet? Genau! Auch wenn auf dem Menü kein Milchersatz angeboten wird, kann man danach fragen und hat meistens Glück. So lässt sich auch in ganz konventionellen Einrichtungen ein Tee, Kaffee, Smoothie oder Porridge zaubern.

Außerdem gibt es auch kleine Päckchen **Sojamilch** zu kaufen, die man selbst mitbringen kann. Ich habe sie sogar in den kleinen Lädchen und Ständen in Agonda-Beach gesehen. Alternativ auf jeden Fall in Chaudi im Supermarkt – dort bekommst du auch **Mandelmilch**. Denn dort kaufen auch die Restaurants ein.

Außer Milch wird auch viel **Joghurt** ('curd') und **Käse** ('paneer') gegessen. Wenn du bei einer Bestellung im Restaurant sicher sein willst, dass du ein veganes Gericht bekommst, fügst du deiner Bestellung am besten einen kleinen Vortrag über alle auszuschließenden Zutaten hinzu. Da 'vegetarisch' ('vegetarian') bekannt ist, kann man davon ausgehen, dass das Weglassen von Fleisch keine Herausforderung darstellt. Mit 'Ghee', der Ayurvedischen gereinigten Butter, wird selten gekocht, wohl nur in explizit Ayurvedischen Küchen, so wurde mir erklärt. Meistens wird ein Pflanzenöl verwendet. Also ist auch das aus veganer Sicht weniger ein Problem.

Die Herausforderung liegt in den **Milchprodukten** – die oft weder als Milchprodukte noch tierische Produkte wahrgenommen werden. O-Ton: "... Aber das ist Paneer ...." Ja genau. Die Bestellung lautete: ohne Milchprodukte und ohne Käse. Paneer ist indischer Käse. Frischkäse. Ausgeflocktes Milcheiweiß. Was macht man also? Mein Tipp, wie oben erwähnt: alle erdenklichen auszuschließenden Zutaten abspulen, bis man merkt, dass es beim Gegenüber 'klick' gemacht hat. Das klingt dann in etwa so: **"No dairy please."** Also: keine Milchprodukte. Ich sehe Fragezeichen auf der Stirn. **"No milk (Milch), no curd (Joghurt), no**

**cheese (Käse), no Paneer, please."** Dann kann es sein, man bekommt die Gegenfrage: "No coconut?" ... Waaaas? ... (Kann allerdings auch zuhause in Schwaben vorkommen. Auf der Suche nach einem veganen Gericht auf der Karte: Kellner: 'Do isch abr Olivaöl drin.' Wahre Geschichte.) Also, weitere Aufklärungsarbeit: "No, coconut is fine! It's a plant. Nothing from a cow or other animal please. No cow's milk, no curd, no cheese ..." Das Gesicht des Kellners leuchtet auf: "No cow! OK." Im Allgemeinen ist das Personal sehr freundlich und hilfsbereit. Das Thema 'vegan' ist den Menschen nur leider noch nicht bekannt. Zumindest vielen noch nicht. Daher muss man Verständnis haben, dass es hin und wieder etwas genauerer Erklärung bedarf.

## Tipp: Vegan Passport

Sehr hilfreich ist auch die **App der Vegan Society** namens '**Vegan Passport**'. Du kannst sie kostenlos im App-Store herunterladen. Sie besteht im Grunde aus einem Text, der ausführlich und genau erklärt, dass man vegan lebt und was das für das Essen bedeutet – was man gerne möchte und auf was man bitte verzichten möchte. Dieser Text ist in jede erdenkliche Sprache übersetzt und in der App verfügbar. Wo auch immer man sich befindet auf der Welt, kann man die passende Sprache öffnen und bei Kommunikationsproblemen dem Kellner oder Koch zeigen. Damit dürfte geklärt sein, was auf den Teller kommt!

## Juices und Smoothies

Nicht verwirren lassen! 'Juice' bedeutet **Saft** und wäre bei uns das, was aus der Saftpresse oder Zentrifuge kommt. Also Früchte ohne die festen Bestandteile. Eigentlich schade drum, denn da stecken die wichtigen Ballaststoffe drin, an denen wiederum ein Großteil der Vitalstoffe hängt.

In Goa kommt ein **Juice** jedoch aus dem Mixer und besteht aus dem kompletten Fruchtfleisch. Um Klümpchen zu entfernen wird der Saft dann manchmal noch durch ein Sieb gedrückt. Das bedeutet, das Endprodukt ist das, was wir eigentlich als Smoothie kennen.

**Smoothies** stehen ebenfalls auf der Karte. Nur handelt es sich hierbei nicht nur um reine Früchte, sondern es werden weitere Zutaten wie Milch, Nuss-Butter, Kakao oder Chia beigemischt. Das würde ich eigentlich einen Shake nennen.

Und dann gibt es noch **'Lassies'** – Smoothies mit Joghurt. Leider handelt es sich hier immer um Kuhmilch-Joghurt, es sei denn, es wird speziell auf eine pflanzliche Alternative hingewiesen. Aber ich kann mich spontan nicht erinnern, ein veganes Lassie gesehen zu haben.

Die meisten Getränke werden mit **Eis** zubereitet. Viele Restaurants geben an, nur gefiltertes Wasser zu verwenden – sowohl für die Reinigung der Zutaten als auch für die Zubereitung des Eis. Im Zweifel kannst du Getränke ohne Eis bestellen. Auch für eine höhere Frucht-Ausbeute. ☺

Übrigens gibt es in vielen Restaurants auch **grüne Juices** oder Smoothies! Meistens mit Spinat, auch Sellerie, Petersilie und Koriander. Und öfters steckt auch Spirulina im Rezept. Die mit Abstand größte Auswahl an Juices habe ich im 'Capital Organic' in Patnem und Colomb Beach gesehen. Die Health-Food-Restaurants haben sowieso immer mindestens einen grünen Saft auf der Karte, aber auch in vielen Multi-Cuisine-Restaurants wird man fündig. Im Space Café am Stadtrand von Palolem gab es sogar **grüne Shots**!

Frisch zubereitet aus Neemblättern! Oder aus Pulver in den Varianten Weizengras oder Supergreens.

## Tee und Kaffee

An dieser Stelle kurz ein Hinweis für **Grüntee**-Liebhaber: was in Goa auf der Karte als 'green tea' bezeichnet wird, besteht nicht unbedingt oder nicht nur aus grünen Teeblättern. Stattdessen kommt auch mal grüner Tulsi in die Tasse! Pur oder gemischt mit grünen Teeblättern. Oder es handelt sich auch mal um eine Mischung aus ganz anderen Kräutern.

**Schwarzen Tee** findet man als 'black tea' oder 'chai' auf dem Menü. 'Masala chai' ist Schwarztee mit Gewürzen – was wir in Europa meist einfach als 'chai' bezeichnen. Vorsicht: oft wird 'chai' ohne Nachfrage automatisch mit (Kuh-)Milch serviert. Wenn du Schwarztee ohne Milch haben möchtest, weise sicherheitshalber darauf hin: "No milk, please."

**Kaffee** steht oft in mehreren Varianten auf der Karte: als 'coffee', 'filter coffee', 'press coffee', 'Turkish' oder 'Italian coffee'. Auch die Preise unterscheiden sich stark. Immerhin wird im Menü meistens deutlich, um welche Art der Zubereitung es sich handelt. Bei der günstigsten Variante, die einfach als 'coffee' bezeichnet wird, handelt es sich oft um Instant-Kaffee. Manchmal steht auf der Karte auch 'Nescafe'.

## Kakao oder Chocolate

In den Health-Food-Restaurants ist die Wahrscheinlichkeit groß, dass es sich bei diesen Zutaten in Smoothies oder Nachtischen um echten Kakao handelt. Also reines **Kakaopulver** bzw. dunkle **Schokolade**.

In allen anderen Restaurants ist Wachsamkeit geboten und am besten fragst du nach oder lässt dir sogar die Packung zeigen. Bei Kakao wird es sich wahrscheinlich um eine fertige **Kakao-Trinkmischung** mit Milchpulver und Zucker handeln. 'Chocolate' entpuppt sich häufig als fertige Schokoladen-Soße aus der Plastikflasche wie sie auch im Westen als **Eis- oder Dessert-Soße** verkauft wird. Sie besteht hauptsächlich aus Zucker, verschiedenen Zusatzstoffen, möglicherweise auch Milchpulver und herzlich wenig Kakao.

Das Problem ist nun, dass **Nachfragen** auch nicht immer Sicherheit bringt. Meistens stellt man ernüchternd fest, dass überhaupt kein Bewusstsein für die Lebensmittel und deren Zusammensetzung vorhanden ist und der Gesprächspartner die Frage nicht wirklich versteht. So bekommt man als Antwort zum Beispiel: "Ja, ja, es ist reines Kakaopulver." Ehrlich gemeint – denn es wurde ja rein der Inhalt einer einzigen Dose verwendet und nichts weiter beigemischt. Nur, wie ich leider feststellen musste, sind sich die wenigsten Service-Mitarbeiter und leider oft auch das Küchenpersonal über den Inhalt der Dose klar. Deswegen sind **gesunder Zweifel und Skepsis** auf jeden Fall angebracht, vor allem bei Intoleranzen. Lieber drei Mal nachfragen und notfalls die Packung selbst inspizieren!

Als Schokoholic gerät man in Goa leicht in unfreiwilligen Entzug. Es sei denn, man weiß wo es den besten 'Stoff' gibt. Ich mag ja so gerne gaaanz dunkle Schokolade, am liebsten 100%ige Kakaomasse. Bio und Rohkost. Letztere Ansprüche schrauben wir jetzt gleich mal zurück. Ein möglichst hoher Kakaoanteil wäre schon äußerst beglückend! Ich fand es immer wieder enttäuschend, wenn der Schoko-Shake nur leicht hellbraun getönt war und eigentlich nur nach Banane schmeckte. Oder am Schoko-Erdnuss-Cookie nur pappsüsse Datteln zu erkennen waren, aber weder 'peanut' noch 'choco' durchkamen.

Fatimas Shoppee in Agonda hat **importierte Rittersport und Lindt** im Programm. In manchen anderen Lädchen findet man auch mal eine dunkle Nestle oder Cadburys. Aber irgendwie finde ich es doof, in Indien deutsche bzw. europäische Schokolade zu kaufen?! Und erst recht, wenn es sich um Hersteller handelt, die ich grundsätzlich nicht unterstütze. In den meisten Läden habe ich nur Milchschokolade gesehen oder gepanschte dunkle Schokolade, die kaum Kakao enthielt (... was die Restaurants dann verwenden, weiß man natürlich auch nicht so genau ... aber: ...). Wenn es dir ähnlich geht, teile ich hier noch die schokoladigsten Funde, die ich in den örtlichen Cafés entdeckt habe.

Im Cafe La Boheme in Agonda gab es **'praline'** – mit nettem Tippfehler auf der Karte ... "Excuse me, what is 'pro-line'?"... Es handelt sich um einen Schokotaler von ordentlicher Größe! Und das Nächste zu dunkler Schokolade, was mir begegnet ist. Gute Anlaufstelle, wenn der Schokoschock schon längst überfällig ist!

In Fatimas Restaurant in Agonda gab es **'peanut butter cups'**. Das waren Erdnuss-Hütchen mit einer richtig großzügigen Portion dunkler Schokolade umhüllt, auf einem dicken dunklen Schokofundament.

Im Karma Cafe Bakery in Patnem/Colomb Beach gab es vegane, glutenfreie **'choco balls'** – und endlich jemand, der es versteht, nicht so sparsam mit dem Kakao umzugehen! Die Bömbchen sind richtig lecker herb kakao-ig gewesen! Auch die **'cacao coco bliss balls'** im Little Ganesha in Patnem waren sehr lecker!

Außerdem habe ich öfters richtig leckeres, schokoladiges Schokoeis gegessen! Da wären: das **'vegan ice cream'** im Zest in Agonda und Palolem. Unter gleichem Namen ein Schokoeis bei Nirea's Healthy Heaven in Palolem. Wobei es sich bei Letzterem um Nicecream handelte, ohne Zucker oder Sojamilch. Und ein fantastisches **'chunky chocolate ice cream'** im Vegan Casa in Patnem – nussfrei und sojafrei. Letzteres war sicher das dunkelste, schokoladigste von den Dreien!

Auch sonst gibt es natürlich viele leckere Desserts zu probieren – nur nicht mit einer berichtenswerten Dosis Kakao. Wenn während deines Besuchs also die Schokoliebe ruft, hoffe ich, du kommst in den Genuss einer der erwähnten Leckerlis! Und solltest du neue Schätze ausgraben, sag mir bitte Bescheid.

Choco Balls vom
Karma Café Bakery Patnem

## Brot, Weizen und Mehle

Da sind wir nun, beim großen Thema Brot angekommen. In Indien wird viel Brot gegessen, zu jeder Mahlzeit. Wie im Westen auch. Nur andere Varianten mit anderen Bezeichnungen, aber fast alle bestehen aus Weizen. Wer also glutenfrei unterwegs sein will, kann jegliches Brot und Backwaren gedanklich eintüten und bis zur Heimkehr wegpacken. Denn glutenfreies Brot 'is nüsch'. Es sei denn, man kommt an einem der wenigen spezialisierten Cafés vorbei.

**Gängige Brotarten** sind zum Beispiel Naan, Roti, Chapati, Paratha oder Poori. Falls du etwas davon auf der Karte entdeckst, auch in etwas anderer Schreibweise, Finger weg. Ich habe bisher nur ein Mal eine glutenfreie Variante gesehen, nämlich Hirse-Chapati im Capital Organic in Patnem. 'Ragi' oder 'millet' bedeutet Hirse, wobei es sich hier um eine dunkle Sorte handelt, die sehr schmackhaftes, braunes Mehl gibt. Ansonsten wird Vollkorn-Weizenmehl für Roti verwendet – die dünnen Fladen –, und hochraffiniertes Weißmehl für die meisten anderen Brote.

Bei meinen Nachforschungen zu den Brotzutaten wurde mir immer wieder von 'meida' oder 'white flour' berichtet. Das sei kein Weizen, sondern 'meida'. So wurde mir nicht nur in Restaurants, sondern auch in Bäckereien berichtet! Sie hätten zwei Sorten Mehl – und nur das dunkle sei Weizen. Das andere sei 'white flour'. Auch die 'German Bakery' bestand darauf! Nur, was genau dieses weiße Mehl sein sollte, von welcher Pflanze, das konnte mir keiner so genau sagen. Ich rätselte und war schon guter Hoffnung, dass damit Reis- oder Kichererbsenmehl gemeint sein könnte. Vielleicht auch Tapioka? Dieses hellste, reinste Weiß aller Weißtöne deutete darauf hin. Bis mich schließlich ein Restaurantbesitzer mit in die Küche nahm, um mir das Mehl zu zeigen.

Da standen wir ... er, das Küchenpersonal und ich, und starrten auf **zwei große transparente Plastikdosen**. In der einen ein bräunliches Mehl, in der anderen ein strahlend weißes Mehl. Das braune sei für Roti, das sei Weizen. Alles klar, das war Vollkornweizenmehl. Das andere sei kein Weizen, sondern **'meida'**, **'white flour'**. Da waren sich schon wieder alle einig. Genaueres zu 'meida' konnten sie mir aber leider nicht sagen. Und andere Mehle schien es in dieser Küche auch nicht zu geben. Mir schwante schon, was 'meida' wohl sein musste und kaum zuhause wendete ich mich dann doch mal an Google. Und Google lügt nie (**zwinker**). Auf jeden Fall wurde mir auch diese Frage hier beantwortet.

Ich fürchte, man kann mit ziemlicher Sicherheit davon ausgehen, dass es sich bei 'meida' um die ganz spezielle, 'aller weißeste', am stärksten raffinierte Variante von Weizenmehl handelt, die es gibt. Sie macht den Teig ganz wunderbar dehnbar und Brot und Kuchen ganz besonders fluffig. Hochraffiniert und mit möglichst hohem Glutenanteil. Und genau das ist die Hauptzutat in den meisten indischen Backwaren. Nichts anderes.

Bei **Naan** handelt es sich um fluffiges, weißes Fladenbrot. Beliebt sind auch Varianten mit Kräutern, Knoblauch oder Füllungen. **Chapati** sind einfachere, flache Fladen. **Paratha** ist fettiges Schichtbrot, das oft mit Käse- oder Kartoffel-Füllung zum Frühstück verzehrt wird. **Poori** (oder Puri) ist ein Ballonbrot. Es geht beim frittieren auf und wird ebenfalls zum Frühstück gereicht. Weiß und fettig. Für Touristen habe ich auch schon Angebote mit Nutella gesehen.

Was mich wundert ist, dass in den **Lädchen** eine ganze Reihe von verschiedenen Mehlsorten verkauft wird, so dass man den

Eindruck bekommt, es würde hier kaum Weizen verwendet. Aber dann sieht man in der Gastronomie diese Mehle fast nirgendwo im Einsatz. Schade. Es gibt zum Beispiel **Kichererbsenmehl, Linsenmehl, Maismehl, oder Reismehl**. Ein paar wenige Leckereien konnte ich aber ausfindig machen, in denen diese Weizen-Alternativen eingesetzt werden und wonach du Ausschau halten kannst.

Bei den Vorspeisen oder Broten gelistet findest du fast immer **Poppadom**, auch bekannt als Papad. Das sind tellergroße, knusprige 'Chips' aus Linsenmehl. Sie werden frittiert oder geröstet angeboten – das Ergebnis ist im Grunde gleich, nur ein Mal sehr ölig und ein Mal trocken. Sie werden pur mit Dips gereicht oder als 'masala papad' – belegt mit einer Mischung aus Zwiebeln, Tomaten, Gurken und Chilis. Eigentlich sollten sie rein aus **Linsenmehl** bestehen. Es ist jedoch Vorsicht geboten, denn es kann auch Weizenmehl drinstecken. Oft werden sie nicht selbst hergestellt, sondern fertig abgepackt gekauft und nur kurz warm gemacht. Und den abgepackten Poppadoms ist leider oft ein wenig Weizen beigemischt.

Bei **Pakora** oder Pakoda handelt es sich um verschiedenes Gemüse, Paneer oder Fleisch, das in gewürzten Teig getunkt und frittiert wird. So eine Art 'Chicken McNugget' auf indisch. Die Häppchen werden auch gerne zum Tee gesnackt oder vor dem Fernseher geknabbert. Bei dem Teig sollte als Basismehl reines **Kichererbsenmehl oder Maismehl** verwendet werden, das nur noch mit Salz und Gewürzen vermengt wird. Im Zweifel nachfragen. Immerhin: da die Trennung zwischen 'veg' und 'non-veg' hier bereits gelebt wird, stehen die Chancen gut, dass das Gemüse nicht gerade in dem Öl frittiert wird, in dem eben noch das Chicken badete ... aber auch hier erkundigt man sich im Zweifel am besten, wie die Küche dies handhabt. Ich habe nämlich auch schon in Poppadoms gebissen ... mit unverkennbarer Fischnote.

Nun endlich zu einigen meiner liebsten indischen Speisen! Um genauer zu sein: südindische! Diese findet man auch nicht in Touri-Restaurants, sondern nur in südindischen Lokalen, den Thali und Dosa Houses. Und der Name ist auch auf der Karte Programm: '**dosa**'! Sowie '**uttapam', 'idli'** und **'vada'** – und alles davon ist 'essbar'! Und sehr lecker! Und noch dazu günstig.

Für '**dosa' und 'uttapam**' wird derselbe Teig verwendet. Hierzu wird Reis mit einem Teil Linsen mehrere Stunden eingeweicht, glatt gemixt und über Nacht einer natürlichen Fermentation überlassen. Je nachdem wie lange der Teig fermentiert, verwandelt er sich in einen besonders leckeren und bekömmlichen Sauerteig.
Für Dosa wird er ganz dünn auf einer großen Platte oder in einer Pfanne ausgestrichen. Das dünne, leicht knusprige 'Crêpe' bekommt in die Mitte eine kleine Füllung – zum Beispiel in der Basis-Version würzige Kartoffeln – und wird dann gerollt und mit einem Kokos-Dip ('coconut chutney') sowie einem kleinen Schälchen würziger Linsensuppe ('sambar') serviert. Als Füllungen gibt es zum Beispiel die erwähnten Kartoffeln ('masala dosa') oder Spinat ('palak dosa'). Wenn man den gleichen Teig als extra-dicken Pfannkuchen ausbackt, eventuell mit Zwiebeln, vielleicht auch Tomaten, nennt sich das 'uttapam'. Natürlich wird auch hierzu Kokos-Dip und Linsensuppe gereicht.

**'Idli'** bestehen ganz ähnlich aus einer Mischung aus Reis und Linsen. Der Teig wird nur nicht so flüssig zubereitet, so dass die 'idli' als kleine runde Küchlein, etwa in Muffin-Größe, in Dampf gegart werden können. Auch hierzu werden Kokos-Dip und Linsensuppe gereicht.

Zu guter Letzt gibt es noch die '**vada**', herzhafte Donuts aus Linsenmehl. Man findet sie jedoch nur selten! Ich hatte sie zum Beispiel in Agonda in nur einem Lokal entdecken können: My Friend's Place. Und in Palolem in einem kleinen Restaurant auf der Hauptstraße in der Nähe der Kreuzung zur Straße, die zum Strand führt: My Choice. Auch 'vada' werden mit Kokos-Dip und Linsensuppe gegessen.

Diese südindischen Spezialitäten bekommst du übrigens auch an **Flughäfen bei 'idli.com'**. Im Transit in Delhi, nach der Landung in Indien, gleich morgens um 6 Uhr zum Frühstück ☺. Welcome to India! Angekommen!

Glutenfrei in Goa essen bedeutet also grundsätzlich: statt Brot gibt es zu jeder Mahlzeit Reis. In 99,99 % der Fälle wird dies weißer Reis sein. Da wird schnell Abwechslung fällig. Ein paar Restaurants bieten **'Goan rice'** – eine andere Sorte und möglicherweise als Vollkorn serviert. Alternativ bestelle ich mir statt Reis auch gerne **'idli', 'uttapam' oder 'dosa'**. Das ist zwar immer noch weißer Reis, aber mit ein paar Linsen und im Idealfall fermentiert und dadurch bekömmlicher und etwas nahrhafter.

Und dann gibt es noch eine andere Lösung: in manchen Restaurants stehen auch etwas versteckt **Kartoffeln** auf der Karte! Kartoffeln heißen 'aloo', oder Englisch: 'potato'. Bei Snacks, Vorspeisen oder Beilagen findet man manchmal 'potato with onion' (mit Zwiebel) oder 'aloo jeera' (mit Kreuzkümmel) oder 'aloo methi' (mit Bockshornklee) oder so ähnlich. Oder im Idealfall sogar 'sweet potato' – Süßkartoffeln. Dabei handelt es sich um gekochte, 'trockene' Varianten ohne Soße, die man gut als Beilage zum Curry essen kann. Und auch wenn auf der Karte keine Kartoffeln zu finden sind, so sind sie doch in jeder Küche vorhanden – auf Nachfrage bekommt man sie ziemlich sicher überall.

Zum Frühstück wird fast überall **'porridge'** angeboten – Haferbrei. Es handelt sich zwar mit hoher Wahrscheinlichkeit nicht um den glutenfrei-zertifizierten Hafer, aber viele Menschen vertragen Hafer trotzdem besser als andere glutenhaltige Getreidesorten. Oft stehen auf der Karte schon die Optionen 'mit Milch', 'mit Sojamilch' oder 'mit Wasser' – und auch der Brei mit Wasser ist sehr schmackhaft! Du könntest auch nach Kokosmilch fragen. Und mit weiteren Zutaten wie frisch geriebener Kokosnuss oder Rosinen bekommt der Brei ohnehin ein eigenes leckeres Aroma.

Im ‘My Choice’ in Palolem wird ‘**poha**’ angeboten – Reisflocken! Probiere das unbedingt mal! Es handelt sich um ein herzhaftes Frühstück. Die Flocken werden nicht als Brei serviert, sondern quellen auf und sind dann fast wieder Reiskörner. Es kommen Gewürze rein, Erbsen, Erdnüsse, Gemüse. Ich fand es sehr lecker. ‘Poha’ gibt es übrigens auch am Flughafen bei 'idli.com' und bei 'ChaiPoint'.

Es gibt ähnliche Frühstücksgerichte, die aus Grieß zubereitet werden, aber Achtung: Grieß ist meistens Weizen! Es kann aber auch Reis sein. Also, wenn es dir danach gelüstet: nachfragen. Die herzhaften Grieß-Gerichte nennen sich ‘**upma**’. Als ‘**sheera**’ bezeichnet man eine süße Variante mit Gewürzen und Früchten.

Als Snack gibt es in Lädchen übrigens überall lecker gewürzte **Knabber-Hülsenfrüchte**. Zum Beispiel geröstete Kichererbsen oder gepuffte Linsen. Im Übrigen natürlich auch Nüsse und Trockenfrüchte, die sich prima als Notfall-Nahrung eignen. Ich könnte nicht behaupten, dass man hier jemals auch nur annähernd verhungern würde ... ☺

In einigen Health-Food-Restaurants findet man außerdem **Kichererbsenmehl als Ei- oder Tofu-Ersatz** im Einsatz. Die Gerichte nennen sich dann ‘vegan omelette’ oder ‘pancake’ (Pfannkuchen) oder ‘scramble’ (Rührei). Im **Cafe La Boheme** in Agonda sowie im **Karma Cafe Bakery** in Patnem gab es auch **Hirse-Crêpe** (‘ragi crepe’) und glutenfreies Brot! Tipp: Ein solches Crêpe oder einen Pfannkuchen kann man auch als Brot-Alternative zu beliebigen anderen Gerichten bestellen.

Diese beiden Cafés schienen mir übrigens die am meisten auf **glutenfreie Ernährung spezialisierten Restaurants** in der Umgebung zu sein. Beide klein aber fein! Gute Anlaufstellen! Und wie bereits erwähnt hatte das Capital Organic in Patnem ‘millet chapati’ (Hirse-Chapati, 'millet' = englisch, 'ragi' = indisch) auf der

Karte – the one and only. Im Laufe der Saison hat auch eine zweite Filiale aufgemacht, gleich um die Ecke vom Karma Cafe, falls du dort mal reinschauen möchtest. Zu dem Zeitpunkt als ich dort war, stand noch kein 'ragi chapati' auf der Karte, aber das kann sich geändert haben.

Allgemein finde ich, kommt man **auch ohne Brot sehr gut** durch Goa! Es gibt kulinarisch so viel zu entdecken und probieren, dass man das olle Brot auch schnell vergisst. Also, mach' dir keine Sorgen und freu' dich über das reichhaltige Angebot!

## Desserts

In konventionellen Restaurants ist die Lage leider etwas hoffnungslos. Schlage dir den klassischen Nachtisch am besten aus dem Kopf. Süßes scheint hier keinen wichtigen Stellenwert zu haben und es gibt nur zwei, drei Desserts im Angebot – die stehen auf jeder Karte und sie **enthalten auch alle Milchprodukte** und/oder Weizen sowie Ei. Und natürlich raffinierten Zucker und Fette.

Die da wären: **Eiscreme**. Obst mit Eiscreme. **Obst** im Teigmantel frittiert. Und ein kurioses Dessert namens '**Hello to the Queen**' (**?!??!**), bei dem es sich im Grunde um einen Eisbecher mit Keksen handelt. So. Ich hoffe ich habe nichts vergessen. Ach ja, eines noch: '**chocolate balls**'. Aber bevor du so große Augen bekommst wie ich anfangs: leider handelt es sich um zerkrümelte Weizen-Kekse, die mit anderen Zutaten vermischt zu Kugeln geformt werden –eventuell gibt es Ausnahmen in Health Food Cafés, in dem Fall nachfragen. Das Karma Café Bakery in Patnem hatte die bereits erwähnten grandiosen Kakao-Bälle.

Also, Zusammenfassung zu Desserts: in konventionellen Restaurants überspringt man diesen Teil der Karte am besten, geht zurück zum Abschnitt mit **Smoothies oder Obstsalaten** und sucht sich dort etwas natürliches Süßes zum Nachtisch aus.

In den **Health-Food-Restaurants** wird man an dieser Stelle hingegen mit allerhand Gourmetkost verwöhnt wie veganer Eiscreme, Nicecreams, Kuchen, Raw Cakes, Brownies, Chia-Pudding oder Avocado-Schoko-Creme. Es lohnt sich, auch mal nur zu 'Kaffee und Kuchen' reinzuschauen. Oder auf eine 'Goldene Milch' und 'raw vegan Snickers cake'. ☺

Nicecream im Zest Agonda

## Ich hätte gerne ...

Folgendes Szenario: Du hast also mit großen Augen die Karte studiert, der Bauch grummelt. Beim Gedanken an die Köstlichkeiten, die dich gleich beglücken werden, fließt dir schon das Wasser im Munde zusammen. Du rufst den Kellner, gibst deine Bestellung auf: "Ich hätte gerne den Papayasaft und ein Masala Dosa, bitte." Darauf entgegnet dir der Kellner prompt, ganz nüchtern: "No." .... Du wartest. Mehr Infos kommen aber nicht. Mmmkey ....?!? Mit genaueren Erläuterungen haben sie es oft nicht so.

Aber ich übersetze gerne. Denn was er eigentlich damit sagen will ist: "Oh, es tut mir sehr leid, aber das Gericht ist uns leider gerade ausgegangen und kann daher nicht bestellt werden. Möchten Sie sich vielleicht etwas anderes auf der Karte aussuchen?" ☺

## Alkohol

Auch wenn sich Traditionen im Wandel befinden mögen ... und die 'liquor stores' zu brummen scheinen ... so ist Indien traditionell keine Nation von Alkohol-Trinkern. Es gibt aber auch **Bier und inzwischen sogar Wein** aus lokaler Produktion. Ersteres ist günstig überall zu bekommen. Ebenso findet man für **Cocktails** immer irgendwo eine Happy Hour. Wein-Gourmets sollten ihre Erwartungen jedoch nicht zu hoch schrauben. Wird Wein angeboten, ist er vergleichsweise teuer und die Auswahl nur klein. Selten findet man ein erlesenes Sortiment. Und leider kennt sich das Personal meist auch nicht besonders gut aus. Dazu fällt mir schon wieder eine Geschichte ein. Obwohl ich heutzutage sehr selten Alkohol trinke ...

Wir waren bei einem Outdoor-Kino-Abend, wie sie von ein paar Restaurants regelmäßig angeboten werden. Zu diesem Anlass, in guter Gesellschaft, dachte ich, genieße ich mein erstes Glas Wein in Indien. Also fragte ich den Kellner, ob er einen trockenen Weißwein auf der Karte habe, einen '**dry white wine**'. Er schaute mich sichtlich verwirrt an. Ich wiederholte die Frage nochmals. Er sagte, er habe einen Weißwein. Ich fragte nochmal nach, ob er denn auch trocken sei. Das Spielchen ging noch ein paar Mal hin und her. Der Kellner war sichtlich irritiert. Bis er zögerlich antwortete: "Maybe a little bit dry. But it's liquid ... it's alcohol."

Also in etwa: "Er ist vielleicht ein kleines bisschen trocken ... aber er ist flüssig ... denn es handelt sich um ein alkoholisches Getränk." ☺

## Lokale Spezialitäten

Einige Restaurants weisen auf der Karte **Goanische Spezialitäten** aus. Manche nennen sich auch 'Goanische Restaurants' oder 'Südindisch & Goanische Restaurants'.

Neben den bereits erwähnten südindischen Spezialitäten, findet man bei **Goanischen Speisen** besondere Würzmischungen wie '**xacuti'**. Hier handelt es sich um eine besonders aromatische Curry-Mischung, mit Zimt und fast schon leicht süßlichem Duft. Sie wird mit Fleischgerichten aber auch vegetarisch verarbeitet. Sehr lecker fand ich zum Beispiel das Süßkartoffel-Xacuti im Tiger Ganesh in Agonda (nicht die kleine Filiale an der Ecke, sondern das 'richtige' Restaurant etwas weiter nördlich an der Straße).

Eine weitere Besonderheit ist der **Goanische Reis** und ich würde dir unbedingt empfehlen zu prüfen, ob du ihn auf der Karte findest und als willkommenen Ersatz für den gewöhnlichen weißen Reis bestellen. Es handelt sich um roten Reis und mit etwas Glück auch um vollwertigen.

Einige weitere Spezialitäten und Gewürz-Mischungen sind im **Wörterbuch** im Anhang erklärt. Falls du ihnen begegnen solltest und dich fragst, was dich da wohl erwartet, schlage sie einfach nach.

Noch ein kleiner Hinweis: Restaurants nennen sich oft auch **'Hotel'**, nicht verwirren lassen. Und egal wo du dich in Goa befindest, verhungern musst du nicht: über eine kurze Suche auf Google Maps nach **'Pure Veg' oder 'Udupi'** findest du bestimmt ein Restaurant in der Nähe, das vegetarisches Essen serviert.

*Aloo Jeera und Dal im Tejas Talpona*

# GOAS BELIEBTESTE SEHENSWÜRDIGKEITEN

In meiner Zeit in Goa war ich in einer sehr produktiven Phase, in der ich mich vor allem auf ein Projekt konzentriert und wenig 'Urlaub' gemacht habe. Daher habe ich nur ein paar wenige Sehenswürdigkeiten selbst besucht. Welche am vielversprechendsten sind, musste ich natürlich trotzdem recherchieren. Bei den folgenden Zielen handelt es sich daher meistens nicht um persönliche Tipps von mir, sondern um Empfehlungen, die ich vor Ort oder aus Reiseführern gesammelt habe. Ich will dir damit eine Liste der **bekanntesten und beliebtesten Ziele** zur Verfügung stellen, sowie einige **'Insider'-Tipps**, damit du selbst nicht so viel recherchieren musst und ganz einfach etwas Passendes, das dich interessiert, für deinen Ausflug aussuchen kannst.

Alle Ziele sind natürlich auch auf der **digitalen Goa-Karte** eingetragen. Dort findest du auch noch zusätzliche Tipps, die hier im Buch keinen Platz mehr hatten oder vielleicht auch später nach der Veröffentlichung hinzukommen. Also schau' immer mal wieder rein:

☞ ecoco.bio/goa

## Wie sind die Infos organisiert?

In diesem Abschnitt liste ich die **bekanntesten Sehenswürdigkeiten und Freizeit-Tipps**, welche bei den Touristen sehr beliebt sind und die du vielleicht nicht verpassen möchtest.

In den Kapiteln zu den einzelnen Ortschaften findest du weitere Tipps für **Ziele in der jeweiligen Region**, mit denen sich ebenfalls ein schöner Ausflugstag gestalten lässt.

Fledermäuse in Agonda

## Bhagwan Mahavir Wildlife Sanctuary

☞ goa.gov.in/places/bhagwan-mahavir-wildlife-sanctuary

Dies ist der **größte Wildtierpark Goas** auf einer Fläche von etwa 240 km$^2$. 1969 wurde das Gebiet zum Schutzgebiet für Wildtiere erklärt. Ganz in der Nähe liegt auch der Dudhsagar Wasserfall – es bietet sich also an, die beiden Ziele in einem Ausflug zu verbinden. Der Park liegt ganz im Osten von Goa, an der Grenze zu Karnataka.

## Dudhsagar Wasserfall

☞ goa.gov.in/places/dudhsagar-waterfalls

Im **Dudhsagar Wasserfall** stürzt das Wasser 600 m in die Tiefe. Im Monsun ist der Wasserstand am höchsten. Dies ist somit die Zeit, in der die Wasserfälle allgemein am meisten Wasser führen und die atemberaubendsten Anblicke bieten. In den trockensten Monaten hingegen können sie etwas weniger beeindruckend wirken. Diese Sehenswürdigkeit ist ab Vasco oder Margao sogar per Zug zu erreichen – mit traumhafter Aussicht. Auch kann vor Ort gebadet werden.

## Krokodile im Cumbarjua Kanal

☞ goatourism.gov.in/entertainment/crocodile-watch

Auch wenn so manch ein Tourist sich in goanischen Gewässern sorgen um mögliche Begegnungen mit **Krokodilen** macht: der einzige Ort, an dem man tatsächlich diesen Reptilien in freier Wildnis begegnen kann ist der Cumbarjua Kanal bei Panjim. Dort soll es noch etwa 50 Tiere geben. Hin und wieder verirrt sich eines auch mal nach Chorao, Tivim oder Quepem. Es handelt sich um die Art Crocodylus palustris. Mehr über sie erfährst du auf der Tourismus-Seite oben. Um die Tiere zu besuchen, bucht man eine Bootsfahrt auf dem Kanal, zum Beispiel bei:

**John's Boat Tours**
☞ johnboattours.com/CrocodileSpotting.html
**Tripraja**
☞ tripraja.com/tour/crocodile-bird-watching-safari

## Schildkröten

☞ seaturtlesofgoa.wordpress.com

Der Küstenabschnitt von Goa ist Brutplatz für die **'Olive Ridley' Schildkröte** (Lepydochelys olivacea). Es handelt sich um eine geschützte Art und die zweit-kleinste Meeresschildkröte der Welt. Sie ist vor allem bekannt für ihre 'Arribada' – das massenhafte Anlanden an Bruststränden. Dabei können mehrere tausend Weibchen an einem kurzen Strandabschnitt zusammen kommen. In Goa sind vier solcher Massen-Brutplätze bekannt, nämlich im Norden in Morjim und Mandrem sowie im Süden in Agonda und Galgibag.

Die Brutzeit fällt leider mit der Hauptsaison der Touristen zusammen – zum Nachteil der Schildkröten. An den Stränden sind Schilder aufgestellt, die auf die Tiere aufmerksam machen und um Rücksichtnahme bitten. Auch ist zeitweise ein **Turtle Center** installiert, das aufklärt. Allerdings wird vor allem aus Morjim, wo der Tourismus am stärksten ist, von negativen Auswirkungen auf den Bruterfolg berichtet. Wer sich also das Naturspektakel ansehen möchte, sollte sehr vorsichtig und zurückhaltend vorgehen. Erkundige dich am besten vor Ort nach der aktuellen Lage und lasse dir Verhaltenstipps geben.

## Schlangen

☞ rahulalvares.com

Der '**Snake Man' Rahul Alvares** ist durch seine Bücher 'Birds of Goa' und 'The Call of the Snake' bekannt. Er bietet Ausflüge in die Natur an, bei denen man mit ihm auf Schlangensuche gehen oder auch Vögel oder Schmetterlinge beobachten kann.

## Terra Conscious – Natur-Erlebnisse

☞ terraconscious.com

Diese Organisation wurde 2017 gegründet, um sozial und ökologisch verantwortliche Tourismus-Projekte umzusetzen. So klärt sie zum Beispiel in geführten Touren über die wichtige Rolle der Strände und ihrer Tiere auf. **Terra Conscious** bietet auch Bootstouren an, auf denen der Besucher die Gelegenheit hat, mehr über das Meeresleben und die Artenvielfalt dort zu lernen. Für Sportliche finden sich im Programm auch Touren per Rad, Kajak oder als Tauchausflug. Die Touren sind online buchbar.

## Tanshikar Spice Farm – Bio-Gewürzfarm

☞ tanshikarspicefarm.com

Der Besuch einer Gewürzfarm zählt auf jeden Fall zu den beliebtesten Urlaubs-Aktivitäten in Goa. Mir wurde die **Tanshikar Spice Farm** empfohlen. Sie liegt am nächsten, wenn man sich in Canacona aufhält, und da es sich auch noch um eine Farm mit

Bio-Philosophie handelt, gebe ich den Tipp gerne weiter. Es gibt auch mehrere andere 'spice plantations' in Goa, falls du in einer anderen Gegend landen solltest – schau' einfach auf die digitale Karte.

Nach etwa einer Stunde Fahrtzeit ab Palolem gelangt man zu diesem Biohof in den Westghats. Es werden Führungen mit Mahlzeit geboten, bei denen die Besucher die verschiedenen Gewürze und den Bio-Landbau kennenlernen. Der Hof bietet auch Unterkünfte, ein Restaurant, Ausflüge in die Natur und Action-Sports. Auf dem Hofgelände befindet sich zudem eine Yoga Shala, Tischtennis und diverse andere Spiele und Aktivitäten.

## Vögel im Salim Ali Bird Sanctuary

☞ goatourism.gov.in/destinations/sanctuaries/162-dr-salim-ali-bird-sanctuary

In diesem Mangrovenwald auf der Halbinsel Chorao bei Panaji kann man nicht nur **einheimische und Wander-Vögel** beobachten, sondern begegnet auch Flughunden, Schakalen und Krokodilen. Der Park wurde nach dem bekanntesten indischen Ornithologen Dr. Salim Ali benannt. Bird Watcher erreichen das Gebiet mit einer Fähre und können dann auf Beobachtungstürmen auf etwa 1,8 $km^2$ dem Zwitschern lauschen.

## Bungee Jumping Mayem Lake

☞ jumpinheights.com/goa

Seit August 2019 gibt es die erste fest-installierte **Bungee-Anlage** in Goa am Mayem Lake in 55 Metern Höhe. Betreiber **Jumpin' Heights** hatte bereits in Rishikesh Indiens erste Plattform errichtet.

## Canyoning Palolem

☞ goajungle.wixsite.com/goajungle

**Goa Jungle Adventure** bietet in der Nähe von Palolem **Canyoning-Touren** an. Die beiden Franzosen nehmen Besucher mit zu Wasser-Landschaften mit natürlichen Pools, in die man hineinspringen oder rutschen kann. Für Sportliche gibt es auch Touren höheren Schwierigkeitsgrades inklusive Abseiling.

## e-Bike-Touren in Panaji

☞ blive.co.in

**Blive** bietet **e-Bike-Touren** in der Hauptstadt an. Zur Auswahl stehen Rundfahrten zu verschiedenen Themen. Infos dazu sind auf der Webseite zu finden.

## Hang-Out: Vaayu Waterman's Village

☞ vaayuvision.com

Vaayu's ist ein Guesthouse, Restaurant und **beliebter Treffpunkt** für Sport, Chillout und Partys in Ashwem. Das Resort veranstaltet regelmäßig Partys, vermietet Surfboards und SUPs, bietet Kitesurfing, Wakeboarding, Bootsfahrten und viele weitere Aktivitäten. Besucher sind hier auch willkommen, wenn sie nicht über Nacht zu Gast sind. Beim Restaurant handelt es sich um ein Health-Food-Café. Allgemein wird eine umweltbewusste Philosophie gelebt. Eine Übernachtung kannst du auch über Booking buchen:

☞ ecoco.bio/vaayu

## Hausboot-Ausflüge

☞ johnboattours.com/HouseBoat.html

☞ lostparadisegoa.com/gallery

**Hausboot-Touren** sind in Goa nicht so bekannt wie in anderen Bundesstaaten. Es gibt jedoch zahlreiche Anbieter für jedes Budget. Die Fahrten müssen im Voraus gebucht werden. Vor Ort nach Anbietern erkundigen und buchen. Zum Beispiel auch bei John's Boat Tours in Candolim oder Lost Paradise in Morjim.

## Heißluftballon-Flüge

☞ hotairballooningingoa.com

**Goa Tiger Balloon Safari** ist das einzige Unternehmen in Goa, das Flüge mit einem Heißluftballon anbietet. In bis zu fast 300 Metern Höhe kommt man hier in den Genuss einer atemberaubenden 360°-Aussicht auf Goa.

## Hop On Hop Off Bus Panaji

☞ hohogoa.com

Im **Doppeldecker-Bus von HoHoGoa** bekommt man bei einer **Stadttour** einen guten Überblick über die Hauptstadt, fährt an den wichtigsten Sehenswürdigkeiten vorbei und kann sogar an Stränden ein Päuschen einlegen.

## Kajak und Bootsausflüge

☞ konkanexplorers.com

**Konkan Explorers** bieten Ausfahrten ab Morjim an. Die Ausflüge führen auf den Chapora-Fluss oder das offene Meer. Je nachdem welche Tour man wählt, kann man nicht nur Vögel oder Delfine beobachten, sondern auch mit dem Kajak hinaus paddeln.

## Outdoor: Olaulim Backyards Eco-Lodge

☞ olaulimgoa.com

Die **Olaulim Backyards Eco-Lodge** liegt etwas Inland hinter Mapusa und bietet eine schöne Abwechslung zum Strand. Es gibt einen Pool, Tiere, Kajaks und Fahrräder. Der Betreiber bietet viele **Outdoor-Aktivitäten** und auch Touren durch die Ortschaft.

Du kannst die Unterkunft auch über AirBnB buchen. Wenn du neu auf der Plattform bist und über meinen Link gehst, bekommst du 28 Euro Rabatt für deine erste Buchung und ich ein kleines Reiseguthaben: klicke hier ☞ ecoco.bio/airbnb
und danach über diesen Link zur Seite von Olaulim auf AirBnB:
☞ airbnb.com/things-to-do/places/3671352

## Outdoor: Wildernest Nature Resort

☞ wildernest-goa.com

Das **Wildernest Nature Resort** liegt mitten im Dschungel, genau genommen auch nicht mehr in Goa, sondern knapp auf der anderen Seite der Grenze zu Maharashtra. Von hier aus kann man Wanderungen und Trekking-Touren unternehmen oder einfach am Pool entspannen. Die Lodge bietet ein wunderbares Naturerlebnis und viele Infos und Eindrücke dazu auch auf ihrer Webseite. Kleiner Hinweis: man sollte sich nicht nur über große Tiere freuen können – da das Eco-Resort in der Natur liegt, ist mit Begegnungen jeglicher Art zu rechnen, auch in den Unterkünften.

Einen Aufenthalt im Resort kannst du auch über Agoda buchen:

☞ ecoco.bio/wildernest

Oder über AirBnB. Auch hier gilt wieder das Angebot: wenn du neu auf AirBnB bist und über meinen Link gehst, bekommst du 28 Euro Rabatt für deine erste Buchung und ich ein kleines Reiseguthaben. Dazu musst du dich über diesen Link bei AirBnB anmelden:

☞ ecoco.bio/airbnb

und danach die Unterkunft hier buchen:

☞ airbnb.com/things-to-do/places/1746640

## Surfen, Kitesurfing, SUPs, Wakeboarding

☞ alohasurfindia.com

An den Badestränden ist das Meer verblüffend ruhig. Dennoch gibt es in Agonda eine Surfschule. **Aloha Surf** hält die Stunden an einem nahegelegenen Point Break. Man trifft sich im Surf-Shop auf der Hauptstraße von Agonda Beach. Im Preis von etwa INR 1500 inbegriffen sind Transfer, Brettverleih und Unterricht.

Falls du andere Teile Goas besuchst, findest du **Surf Spots** auch in Arambol, Vaayu, Baga, Calangute – und auch einige **Surfschulen bzw. Brettverleih**:

**Banana Surf School** in Morjim
☞ goasurf.com
**Surf Wala** in Arambol
☞ surfwala.com
**Vaayu** in Ashwem (auch Kitesurfing, SUPs, Wakeboarding):
☞ vaayuvision.com/water-sports-in-goa

Wenn dein Ding **Kitesurfing** ist, wirst du in Goa ebenfalls versorgt:

**Kitesurfing Goa** in Morjim
☞ kitesurfinggoa.com
**Kiteguru** in Mandrem (auch SUPs und Delfin-Watching):
☞ kiteguru.co.uk
**Vaayu** in Ashwem (auch Surfing, SUPs, Wakeboarding)
☞ vaayuvision.com/water-sports-in-goa

SURF LESSONS
Beginner & advanced
BOARD rental
SURF BODY SUP
FOR SALE
T.SHIRTs WAX PENDANTS & AND more
SING
OPEN

## Tauchen

Es gibt einige **Tauchschulen**, jedoch soll das Wasser in Goa angeblich an vielen Stellen nicht so klar sein, dass ein Tauchgang sich wirklich lohnen würde. Einzig empfehlenswert soll eine Fahrt zur **Insel Netrani** sein. Ich bin allerdings selbst kein Taucher und gebe nur weiter, was ich gehört habe. Wenn du mehr weißt, schreibe bitte einen Kommentar. Außerdem kann man in Goa günstig einen **Tauchschein** machen.

In **Karnataka** werden auch Ausflüge zu den Inseln Grande Island, St. George's Island, Devbagh Island und Pigeon Island angeboten.

Einige Anbieter in Goa, bei denen du dich erkundigen kannst:

**Barracuda Diving**
☞ barracudadiving.com
**Dive Goa**
☞ divegoa.com
**Flying Fish**
☞ flyingfish.in
**Goa Aquatics**
☞ goaaquatics.com
**Goa Diving**
☞ goadiving.com

## White Water Rafting

☞ goarafting.com

Von Juni bis September, also während des Monsuns, ist der Wasserstand in Goa hoch genug für **White Water Rafting**. Mehr Infos dazu beim Anbieter **Goa Rafting**.

**Yogaschulen** findet man praktisch in jeder Straße! Am besten erkundet man sich einfach vor Ort nach den aktuellen Terminen. Schon wenn man die Unterkunft verlässt und das erste Mal die Straße hinunter spaziert, entdeckt man gleich Infotafeln und Poster. Falls nicht, hilft auch eine Google-Suche oder man fragt in der Unterkunft nach einer Empfehlung. Meistens gibt es morgens und abends 'drop-in classes', wo man ohne Voranmeldung vorbei schauen und mitmachen kann. 90 Minuten kosten etwa INR 400-500. Meistens werden günstigere 5er- oder 10er-Karten angeboten.

Gleiches gilt für **Ayurveda-Zentren und Massagen**. Es gibt zahlreiche und man lässt sich am besten Vorort ein schönes in der Nähe der Unterkunft empfehlen.

Ein paar besonders schöne Adressen habe ich in den Kapiteln zu den **einzelnen Regionen** sowie in der digitalen Karte vermerkt. Das heißt jedoch nicht, dass es nicht auch viele weitere gute Anbieter gibt. Wie gesagt, am besten einfach vor Ort umschauen!

## Einkaufen

Überall in Goa säumen in den Ortschaften **kleine Läden und Stände** den Straßenrand. Viele scheinen sich des gleichen Lieferanten zu bedienen. Man bekommt typisch indische und goanische Kleidung und Accessoires sowie Geschenkartikel. In diesen kleinen und sehr günstigen Läden darf auch gehandelt werden. Sie haben für gewöhnlich keinen Namen und können somit auch nicht auf Google Maps oder in Reiseführern gefunden werden. Aber es gibt sie überall und wenn man etwas entdeckt, das einen anspricht, kann man dort auch gut einkaufen.

Nach **Öko-Ware** sucht man allerdings vergeblich. Manche Artikel kommen aus lokaler Herstellung oder sozialen Projekten. Wenn man sich mit den Händlern unterhält, geben sie gerne Auskunft.

Außerdem gibt es auch einige **Boutiquen** und Läden in 'richtigen' Ladengeschäften, wo die Preise entsprechend etwas höher liegen.

Die meisten Läden machen nachmittags für ein paar Stunden zu, etwa von 13–15 Uhr. Genau festgelegt sind die Zeiten jedoch nicht. Spätestens ab 16 Uhr sollte wieder alles offen haben. Übrigens hält selbst der große Supermarkt in Chaudi **Siesta** – nicht, dass du vor verschlossener Türe stehst.

In den **Strand-Städtchen** findet man hauptsächlich Mode, Accessoires, Geschenk-Artikel, Kosmetik und Convenience-Stores. Alles, was nicht so hübsch ist und eher den praktischen Alltag betrifft wie zum Beispiel Technik, Apotheken oder Haushaltswaren bekommt man in **Chaudi** (für die Region Palolem / Agonda – in anderen Gegenden gibt es natürlich weitere Einkaufsstädte).

## Markt in Anjuna

☞ anjunafleamarket.business.site

Den **Anjuna Flea Market** gibt es seit der Hippie-Zeit. Er findet mittwochs in Anjuna statt. Neben bunten Waren gehört zum Programm auch ein breites Angebot an Street Food. Wenn du also nach anstrengenden Verhandlungsrunden an den Ständen eine Stärkung brauchst, ist für diese gesorgt.

## Markt in Arpora – Nachtmarkt

☞ whatsupgoa.com/GoaParty/index.php?etabid=180

Der bekannte **Saturday Night Market** gilt als der beste Markt und zieht Wochenende für Wochenende zahlreiche Besucher an. Hier herrscht etwa von 19 Uhr bis Mitternacht ein buntes Treiben mit Live Music, Bars und Essensangeboten. Auf diesem Markt bieten auch viele internationale Aussteller Artikel an, so dass für jeden Geschmack etwas dabei sein dürfte. Du findest ihn neben der GoKart-Anlage.

## Markt in Mapusa

☞ mapusamunicipal.com/the-new-municipal-market/

Bei diesem städtischen Markt handelt es sich weniger um eine Touristen-Attraktion, sondern um eine 'echt indische' Veranstaltung. Wenn du also den **authentischen Alltag** der Locals kennenlernen möchtest, bist du hier richtig. Man könnte ihn auch als eine traditionelle Variante moderner Shopping Malls bezeichnen. Der Markt findet freitags statt und eignet sich hervorragend für allwöchentliche Besorgungen.

## Cube Gallery

Moira ☞ facebook.com/The-Cube-Gallery-1432555190362271

Liebhaber von **Kunst- und Kultur** werden in Moira fündig. In der Cube Gallery genießt man Theater, Musik, Bildhauerei, Design und sogar ein Filmfestival. Die hauseigene Unterkunft 'Loft' bietet auch Übernachtungsmöglichkeiten.

## Museum of Goa

Pilerne ☞ museumofgoa.com

Ein modernes Museum in Pilerne mit wechselnden Ausstellungen. Meistens wird hier **Zeitgenössisches** von indischen und internationalen Künstlern vorgestellt. Das Museum bietet auch Kurse, zum Beispiel im Töpfern. Auf dem Gelände befindet sich das beliebte Om Made Cafe.

## Naval Aviation Museum

Mormugao ☞ navalaviationmuseumgoa.com

Dieses **Marine Flugfahrt Museum** in Vasco Da Gama informiert über die Geschichte der indischen Marine und ihre Fluggefährte. Im Außenbereich kann ein originales Flugzeug besichtigt werden.

## Partys und Nachtclubs

☞ whatsupgoa.com

Gefeiert wird in Süd-Goa hauptsächlich am **Strand in Bars**. Halte Ausschau nach Info-Tafeln, Postern und Flyern. Viele Gastronomie-Betriebe und Resorts veranstalten Abende mit Live-Musik. Der einzige Nachtclub in Süd-Goa ist der '**Silent Noise Club**' zwischen Palolem und Patnem. Hier wird mit Kopfhörern auf dem Kanal deiner Wahl abgetanzt.

Allgemein gilt zwischen 22 und 6 Uhr **Nachtruhe**, wenn keine Sondergenehmigung vorliegt. Lautstarke Veranstaltungen werden recht pünktlich abgebrochen. Dennoch wundert man sich in der Saison über gelegentliche schlaflose Nächte ... Es scheint Mittel zu geben, mit denen man die Polizei von der Notwendigkeit einiger Feiern überzeugen kann.

Nachtclubs und Partys mit bekannten DJs findet man hauptsächlich in Nord-Goa. Die **Clubs im Norden** sind zahlreich und das Programm abwechslungsreich. Natürlich gibt es auch besondere **Großveranstaltungen und DJ-Auftritte**, die gesondert beworben werden.

Am besten schaust du daher auf der Webseite **Whats Up Goa** whatsupgoa.com nach, was bei deinem Besuch aktuell geboten wird. Mit etwas Glück findest du eine Veranstaltung, die genau deinem Musikgeschmack entspricht. Und wieder gilt: vor Ort umhören und die Augen aufhalten nach Postern und Flyern.

### Tito's Clubs + Kulturzentrum

☞ titosgoa.com

☞ facebook.com/Titos-White-House-307247216117609

In Arpora findet man das **Kulturzentrum Tito's** bestehend aus einem Open-Air Restaurant, einem Konzertsaal und mehreren Nachtclubs: Club Tito's, Bollywood Discotheque und Café Mambo. In **Tito's White House** in Anjuna stehen weitere Räumlichkeiten zur Verfügung. Somit ist jede Menge Platz für Kreative, Künstler, Sportler und die verschiedensten Veranstaltungen geboten. Auf dem Programm stehen regelmäßig Partys, Aufführungen und Kurse. Termine findet man auf der Webseite. Tickets für Veranstaltungen bekommt man auch über die App 'EZTickets Night Club Booking Goa' [27].

## Kirchen, Tempel, Architektur

☞ goa-tourism.com > 'Explore'

☞ goa.gov.in/know-goa/what-to-see

Etwas Besonderes – oder Ungewöhnliches – an Goa ist natürlich auch das reichhaltige **europäische Erbe** in dieser indischen Umgebung. Wer mit solchen westlichen Bauten bereits vertraut ist, will seine Zeit vielleicht exotischer verplanen – oder ist Fan. Für letzteren liste ich in diesem Abschnitt die beliebtesten Ziele auf.

Natürlich sind auch einige nicht-europäische Sehenswürdigkeiten wie **Tempel** dabei. Aber auch hier muss man sagen: wer bereits in anderen Teilen Indiens ganz großes Architektur- und Kulturerbe

---

[27] EZTickets Night Club Booking Goa App: erhältlich im Google Play Store: play.google.com/store/apps/details?id=com.autuskey.eztickets

besichtigt hat, der sollte nicht zu viel erwarten. Wer nur in Goa verweilt, für den lohnt sich ein Ausflug.

Ein Großteil der Ziele liegen in **Old Goa, Ponda und Panaji** und können ganz praktisch für einen Ausflug kombiniert werden. Wer ein besonderes Interesse in diesem Bereich hat, der findet auf den oben verlinkten Tourismus-Webseiten sowie auf der digitalen Karte noch weitere sehenswerte Gebäude.

## Basilica de Bom Jesus

Old Goa ☞ bomjesus.org

Die **Basilica de Bom Jesus** in Old Goa aus dem 17. Jahrhundert ist als UNESCO Weltkulturerbe gelistet. Der Eintritt ist kostenlos, Körperbedeckung über die Knie und Schultern sind Vorschrift. Weitere Kirchen wie die St. Francis of Assisi befinden sich in direkter Nachbarschaft. So lässt sich das Viertel mit seinen vielen Sehenswürdigkeiten bequem zu Fuss erkunden.

## Fort Aguada

Candolim ☞ goa.gov.in/places/aguada-fort

Die größte und am besten erhaltene portugiesische Festung ist das **Fort Aguada**. Einen tollen Ausblick auf diese Festung in Candolim soll man vom Taj Fort Aguada haben. Man kann dort übernachten oder einfach das Restaurant besuchen. Das Hotel ist auch über Booking buchbar:

☞ ecoco.bio/aguada

## Lemgau Buddhist Caves

In Bicholim befindet sich diese **kleine Höhle mit alten Zeichnungen** von Hindu-Göttern. Es soll die einzige solche Höhle in Goa sein und sehenswert, besonders wenn man nicht die Gelegenheit hat andere größere Kulturerbe zu besuchen.

## Mangueshi Temple

Ponda ☞ goa.gov.in/places/mangueshi-temple

Einer der ältesten und beliebtesten Tempel steht in Ponda. Auf der Flucht vor der portugiesischen Inquisition wurde der **Mangueshi Tempel** im Jahre 1560 an seinen jetzigen Standort verlegt. Dort wird bis heute die Gottheit Manguesh verehrt, eine Inkarnation von Shiva. Auch hier ist respektvolle Kleidung erwünscht.

## Reis Magos Fort + Kirche

Verem ☞ reismagosfort.com

☞ goa.gov.in/places/the-reis-magos-church/

Das **Reis Magos Fort** ist die älteste Festung Goas und stammt aus dem Jahre 1493. Ganz in der Nähe, am Mandovi, liegt auch die **Reis Magos Kirche** von 1555.

# DIE REGIONEN IN GOA

Ich will dir hier die verschiedenen **Gegenden von Nord nach Süd** in kurzen Stichworten erläutern. Für meine eigene Reise hatte ich mich auf den Süden festgelegt. Da ich leider (noch) nicht das ganze Bundesland bereisen konnte, spreche ich in diesem Kapitel nicht überall aus eigener Erfahrung, sondern gebe dir hier auch Infos und Tipps weiter, die ich gesammelt habe.

Der folgende Überblick soll dir ermöglichen, ein Gefühl für die verschiedenen Regionen zu bekommen und ebenfalls ein Städtchen zu finden, das zu deinem Urlaubsplan passt. Du findest hier also keine allumfassende Übersicht des Angebots vor Ort mit allen Details. Viel mehr will ich versuchen, dir einen **ersten Eindruck** der Gegend zu vermitteln, um dir die Wahl des Reiseziels zu erleichtern.

Auf der **digitalen Karte** sind zusätzlich zu den hier erwähnten Highlights weitere interessante Ziele und Tipps eingetragen. Wenn du dich also für eine Ortschaft entschieden hast, kannst du auf der Karte tiefer in die Stadt deiner Wahl eintauchen.

☞ ecoco.bio/goa

Also, fangen wir an, von Nord nach Süd.

# Arambol

☞ en.wikipedia.org/wiki/Arambol

Arambol ist als das **Hippie-Zentrum** schlechthin bekannt. Obwohl man überall in Goa einen 'Hippie-Vibe' spürt, ist er hier wohl am deutlichsten und sichtbarsten.

Es ist ein **kleines Fischerdorf** und der nördlichste von den erschlossenen Strandorten. Weil er so weit im Norden liegt, ist er jedoch nicht ganz so weit entwickelt und überlaufen wie manch andere Strände dies in der Saison vielleicht sein können.

Es gibt einen **Süßwassersee**, der nur durch einen dünnen Sandstreifen vom Meer getrennt wird. Überall am **Strand** wird Musik gespielt, auch auf traditionellen Instrumenten, und man sieht Slacklines und Yogis. Abends werden die Trommeln ausgepackt. Nachts auf den Partys hört man vor allem Trance.

Wie es sich für eine Hippie-Stadt gehört gibt es ein abwechslungsreiches Angebot an **Yoga, Ayurveda**, Massagen und alternativen Heilmethoden. Bekannt ist vor allem auch das Samata Holistic Retreat Zentrum [28].

Weitere **beliebte Adressen** sind die Surf Wala Surfschule [29], das Matsya Freestyle Kitchen [30] oder das Himalayan Iyengar [31] für Yoga und Teacher Training.

---

[28] Samata Holistic Retreat Zentrum: samatagoa.com
[29] Surf Wala Surfschule: surfwala.com
[30] Matsya Freestyle Kitchen: facebook.com/Matsya-Freestyle-Kitchen-461767867262051
[31] Himalayan Iyengar für Yoga und Teacher Training: hiyogacentre.com

Restaurants sind hauptsächlich **Bambushütten** am Strand. Man findet aber sogar vegane Rohkost, zum Beispiel im Shantaram [32], und einige Health-Food-Cafés. Mit dem Hippies Gusto Raw Vegan Ice Cream ist auch für gesundes Eis-Schlemmen gesorgt!

Zum **Einkaufen** findet man das übliche Strand-Angebot entlang der Straße. Abends verwandelt sich der Strand in einen **Markt**, auf dem Kreative aus aller Welt Schmuck und andere Kleinigkeiten verkaufen.

## Mandrem & Ashwem

☞ en.wikipedia.org/wiki/Mandrem

Südlich von Arambol liegt Mandrem und direkt darunter Ashwem – **zwei kleinere Strände**, die sehr nahe beieinander liegen. Die Preise sind hier ein wenig höher und eher außerhalb des üblichen Backpacker-Budgets.

Das Wasser ist flach. In Ashwem muss man auf einige **Felsen** achtgeben. Mandrem ist idyllisch am **Fluss** gelegen, der bei Flut vom Meer überspült wird.

Es gibt **Yoga- und Ayurveda-Zentren, Relax- und Detox-Retreats**. In Mandrem befindet sich auch das bereits erwähnte Vaayu [33] mit seinem **Action Sports- und Outdoor-Angebot**. Hier kann man auch übernachten – in Zimmern, Holzhütten, einem Kokos-Dom oder einer Art Bambus-Tipi! Und im **Café** wird leckere Stärkung geboten.

---

[32] Shantaram: facebook.com/shantaram.raw
[33] Vaayu: vaayuvision.com, buchbar über ecoco.bio/vaayu

Im Love Temple [34] direkt am Strand kann man **Yoga** üben, im vegetarischen **Café** einkehren oder auch ein **Cottage** mieten, um länger zu bleiben. Ein ähnliches Konzept sowie **Detox Retreats** findet man bei The Mandala [35]. Und auch bei Banyan Tree Yoga [36] hat man die Möglichkeit sich einzunisten.

Eine Erwähnung verdient auch das Yab Yum Eco-Resort [37]. In den putzigsten kleinen, kugelrunden **Strohdach-Hütten** kann man hier Entspannung tanken. Außerdem gibt es mit dem Moustache Goa [38] auch ein **Co-Working** Space in Mandrem.

Auch in Mandrem findet man **pflanzliches und roh-veganes Essen**, Partys, kleine Geschäfte und Boutiquen.

## Morjim

☞ en.wikipedia.org/wiki/Morjim

Südlich von Ashwem befindet sich Morjim. Wir nähern uns nun Zentral-Goa, die Distanz zum Flughafen wird kleiner, und entsprechend ist Morjim stärker von Touristen frequentiert. Die Besucher strömen zwar aus allen Ländern der Welt hier her, **russische Urlauber** scheinen jedoch eine besondere Vorliebe für die Gegend zu haben. Sogar Schilder und Menüs werden auf Russisch angeboten.

---

[34] Love Temple: lovetemple.in, buchbar über ecoco.bio/lovetemple
[35] The Mandala: mandalagoa.com, buchbar über ecoco.bio/themandala
[36] Banyan Tree Yoga: banyantreeyoga.in, buchbar über ecoco.bio/banyantreeyoga
[37] Yab Yum Eco-Resort: yabyumresorts.com, buchbar über ecoco.bio/yabyum
[38] Moustache Goa CoWork Hostel: moustachehostel.com/destinations/goa, buchbar über ecoco.bio/moustachemandrem

Als Tipp für ein besonders idyllisches Plätzchen gilt die **Flussmündung** des Chapora. Hier findet man mit ein wenig Glück auch etwas Ruhe. Der südliche Abschnitt des Strandes von Morjim ist geschützt. Traditionell brütet hier von Oktober bis März die **'Olive Ridley' Schildkröte**. Allerdings wurden von den Tieren in jüngsten Jahren kaum noch welche gesehen, aufgrund der zunehmend störenden Rolle des Tourismus.

Das Angebot an Shopping und Yoga soll in Morjim etwas dürftig sein. Dafür kann man mit dem **Kajak oder Boot** eine Ausfahrt auf dem Chapora-Fluss unternehmen. Dies soll eines der schönsten Fleckchen in Goa sein, um die Natur und Vögel zu beobachten. Unterwegs kommt man auch an Seagull Island vorbei. Ausfahrten sind zum Beispiel bei Konkan Explorers [39] buchbar.

## Vagator & Chapora

☞ en.wikipedia.org/wiki/Vagator

**Vagator** ist vor allem bekannt für seine **Partys**. Es ist nicht 'chic' wie Ashwem, man findet hier keine Boutiquen, kann aber einen legeren Tag am Strand verbringen – und zwar in guter Gesellschaft von mehr Kühen als sonst wo in Goa.

Der Strandzugang führt über viele Stufen und wird von Familien daher eher gemieden. Von den **roten Felsen** hat man eine schöne Aussicht auf die Strände. Auf der linken Seite liegt 'Little Vagator', auch bekannt als 'Ozran beach' oder 'Spaghetti beach', eine flache Bucht in der man zwischen den Felsen schwimmen kann. Rechts befindet sich 'Big Vagator', wo auch gesurft wird. In der Mitte ist es sehr felsig und daher weniger zum Schwimmen geeignet.

---

[39] Konkan Explorers: konkanexplorers.com

Während man am Strand eher mit klassischem Fast Food bedient wird, findet man etwas abseits des Strandes, oberhalb der Felsen, viele **berühmte Restaurants** und sogar vegane und vegetarische Gastronomie.

Vagator besucht man, um zu feiern und den Strand zu genießen. Das **Chapora Fort** [40], eine portugiesische Ruine aus dem 17. Jahrhundert lädt zum Ausflug ein. Bei Asnath Massage könnte man sich auch noch etwas Wellness gönnen.

Mit The W [41] gibt es in Vagator außerdem das **erste Fünf-Sterne-Hotel** so weit nördlich. Bean Me Up [42] ist mit seinem **veganen Restaurant** und Zimmern der zentrale Treffpunkt für Health Nerds. In Chapora befindet sich auch noch eine **berühmte Saftbar**, das Jai Ganesh Fruit Juice Center, das als der perfekte Chill-Out-Platz gilt.

Das Thalassa [43] soll das **berühmteste Restaurant Indiens** sein, das auch von bekannten Persönlichkeiten und Stars aufgesucht wird. Außer der griechischen Küche wird hier auch Unterhaltungsprogramm mit Bauch-, Feuer- und griechischen Tänzen sowie traditionellen griechischen Veranstaltungen geboten. Außerdem findet man in Vagator das einzige **japanische Restaurant** in Goa: das Sakana [44]. Interessant für Sushi-Fans.

**Chapora** ist ein kleines Städtchen direkt neben Vagator. Es hat einen eigenen Strand, aber ansonsten ist dort nicht viel Programm

---

[40] Chapora Fort: goa.gov.in/places/chapora-fort
[41] The W: marriott.com/hotels/travel/goiwh-w-goa, buchbar über ecoco.bio/wgoa
[42] Bean Me Up: beanmeup.in, buchbar über ecoco.bio/beanmeup
[43] Thalassa: thalassaindia.com
[44] Sakana: facebook.com/Sakana-Goa-535641643179203

geboten. Man kann hier immer noch sehr günstig leben und trifft vor allem Backpacker.

**Partys** sind in Vagator zahlreich und am besten informiert man sich vor Ort oder über die erwähnte Webseite 'Whats Up Goa'. Über die Weihnachtssaison präsentiert zudem das mehrtägige **Time Out Festival** bekannte DJs.

Zum **Shopping** in Vagator sollte man die T-Shirt-Marke '**No Nasties**' [45] erwähnen, die tatsächlich mit **Bio-Textilien** arbeitet und neben Shirts auch Tank-Tops und Kleider in der Kollektion führt. Ansonsten findet man im Thalassa Boutiquen mit luxuriösen und handgemachten Accessoires, Schmuck und Kleidung.

Für Digitale Nomaden interessant: in Vagator hat sich ein **Co-Working** Office angesiedelt: das 'Green Space Camp & Co-Work' [46].

## Anjuna & Arpora

☞ en.wikipedia.org/wiki/Anjuna

**Anjuna** gilt 'traditionell' als das **Hippie-Zentrum** von Goa. Hier fing alles an, was Goa in den jüngsten Jahrzenten bekannt machte. Man erzählt sich Geschichten von freidenkenden Menschen, die in den 70ern als Besucher kamen, dann ihre Pässe verbrannten und blieben.

[45] No Nasties: nonasties.in
[46] Green Space Camp & Co-Work: greenspace.net.in, buchbar über ecoco.bio/greenspace

Obwohl die Umgebung noch dieselbe ist, hat sich das Flair wohl verändert. Vorbei sind die Zeiten des einfachen Lebens unter Kokospalmen. Angekommen ist der **kommerzielle Tourismus**. Und während viel zu knapp bekleidete Touristen hier ihren Urlaub genießen, freuen sich indische Männer über das ein oder andere Foto, dass sie als Andenken mit nach Hause nehmen.

Anjuna ist eine beliebte kleine Stadt, aber touristisch noch nicht weit genug entwickelt, um von schicken Fünf-Sterne-Hotels eingenommen zu sein. Der **Strand** ist flach und es gibt zwar keine Klippen wie in Vagator, doch aber Felsen. Zum Schwimmen ist es daher nicht der beste Ort.

Zum Thema **Shopping** muss an dieser Stelle natürlich auf den Flohmarkt von Anjuna verwiesen werden – der originale Hippie-Markt, wo früher getauscht statt mit Geld bezahlt wurde. Heute ist das natürlich anders. Auf dem riesigen **Anjuna Flea Market** [47] findet man hauptsächlich indische Stände, aber auch ein paar internationale Verkäufer. Auch Gastronomie und Live-Musik ist geboten. Der Markt findet immer mittwochs statt.

**Arpora** ist kleiner und besteht vorwiegend aus Wohnvierteln. Es ist aber auch das Zuhause des berühmten **Samstag-Nacht-Marktes** [48] und jeder Menge Gastronomie. Der Nachtmarkt findet etwa von Weihnachten bis März jeden Samstag statt. Neben Verkaufsständen sind auch viele Bars und Essensstände integriert. Und außer den indischen Händlern, die schon vom Anjuna-Markt bekannt sind, findet man hier auch internationale Läden mit etwas höheren Preisen.

---

[47] Anjuna Flea Market: anjunafleamarket.business.site
[48] Saturday Night Market: whatsupgoa.com/GoaParty/index.php?etabid=180

In **Tito's White House** [49] kann man an einem abwechslungsreichen Sportangebot teilnehmen wie zum Beispiel Yogastunden, Kickboxen oder auch Vertikaltuch-Akrobatik. Das Programm hängt von den Lehrern der Saison ab – einfach mal vorbei schauen und vor Ort erkundigen. Speziell für Yoga ist die beste Adresse jedoch vermutlich das **Yoga Magic Eco Retreat** [50] mit seinen wunderschönen Shalas. Im Restaurant gibt es natürlich viel Pflanzliches – auch vegan und glutenfrei! Und wem's richtig gut gefällt, der kann sich dort auch gleich in ein luxuriöses Zelt einmieten.

Ganz neu seit Januar 2019 ist die vorwiegend vegane **Soul Booster Bar**. Auf der Suche nach Essen könnte man auch im israelisch geführten **Artjuna** [51] Falafeln probieren. Im Café befindet sich zudem ein Laden, der lokal gefertigte Yoga-Kleidung und Geschenkartikel, Möbelstücke und Schmuck verkauft. Am Strand gibt es außerdem das **Eva Café** [52], das als schönste der Beach Shacks gilt und wo zufällig auch vorwiegend Vegetarisches serviert wird.

---

[49] Tito's Clubs und White House: titosgoa.com und facebook.com/Titos-White-House-307247216117609

[50] Yoga Magic Eco Retreat: yogamagic.net, buchbar über ecoco.bio/yogamagic

[51] Artjuna: artjuna.com

[52] Eva Café: m.facebook.com/evacafeanjuna

# Calangute, Candolim, Baga & Sinquerim

☞ en.wikipedia.org/wiki/Calangute

☞ en.wikipedia.org/wiki/Candolim

☞ en.wikipedia.org/wiki/Baga,_Goa

Nach Panaji und Porvorim formen die Städte Calangute, Candolim, Baga und Sinquerim gemeinsam die **am höchsten frequentierte** Gegend in Goa. Sie grenzt an die Hauptstadt, liegt somit auch nah am Flughafen und viele Touristen strömen direkt in diese nächsten Ortschaften. Aus diesen Gründen liegt es nahe, sich für seinen Aufenthalt ein weniger besuchtes Ziel im Bundesstaat auszusuchen. Es sei denn, man hat eine Vorliebe für überfüllte Touristenstädte.

Es soll hier häufig zu Auseinandersetzung aufgrund starken Alkoholkonsums kommen. Vor allem Frauen sollten sich in Acht nehmen. Allgemein wird viel getrunken. Bei den Clubs soll es sich vor allem um **kommerzialisierte Etablissements** handeln. Gerne wird Bollywood-Musik gespielt. Da viel mehr Menschen den Strand nutzen, wird er stärker vermüllt. In den Beach-Bars herrscht vorwiegend Partystimmung, man findet weniger Plätzchen zum Entspannen. Auf den Straßen herrscht starker Verkehr, vor allem im Dezember und Januar muss man mit Stau rechnen.

Diese Gegend ist touristisch sehr weit entwickelt. Man findet unzählige Gastronomiebetriebe und Hotels, auch große Resorts und Fünf-Sterne-Unterkünfte. Der Vorteil besteht darin, dass in dieser Gegend auch während des **Monsuns** einiges los ist. Während die kleineren Strandorte zur Regenzeit schließen, kann man hier das ganze Jahr über einkehren. In der Monsunzeit könnte es also durchaus Sinn machen, sich hier eine Unterkunft zu suchen. Unter den Restaurants findet man auch vegetarische Betriebe.

Unternehmungslustige können das **Aguada Fort** [53] besuchen. **Wellness**-Angebote sind allgegenwärtig – am besten in der Unterkunft nachfragen, welcher Betrieb in der Nähe empfohlen wird. Auch **Zahnarzttourismus** kann sich lohnen. Im Eco-Resort **Wildflower Villas** [54] kann man außerdem im Infinity-Pool ausspannen und es sich in den schönen Zimmern in portugiesischem Stil gut gehen lassen.

Etwas weiter vom Strand befindet sich das **Saraya EcoStay und Art Cafe** [55]. Der Name ist hier Programm, außerdem werden Permakultur-Kurse angeboten. Das Café serviert zur Stärkung Health Food.

In **Baga** findet man im **Mackie's Saturday Night Bazaar** [56] den kleinen Bruder zum großen Samstagnacht-Markt. Eigentlich handelt es sich hierbei um das Original. Leider soll die Veranstaltung zwischenzeitlich sehr überfüllt und kommerzialisiert sein.

Für internationale Touristen ist es sicher auch interessant, mal in eine Filiale von **Fab India** [57] zu schauen. Hierbei handelt es sich um eine indische Kette, die indische Mode und Wohn-Accessoires verkauft. Der Fokus liegt auf handgemachten Artikeln von Künstlern und Handwerkern in ganz Indien. Im Sortiment sind auch bio-zertifizierte und nachhaltige Produkte, die entsprechend gekennzeichnet sind. In Goa gibt es etwa eine Handvoll Filialen, eine davon in Calangute.

---

[53] Aguada Fort: goa.gov.in/places/aguada-fort
[54] Wildflower Villas: wildflowergoa.com, buchbar über ecoco.bio/wildflower
[55] Saraya EcoStay und Art Café: saraya.in, buchbar über ecoco.bio/saraya
[56] Mackie's Saturday Night Bazaar: whatsupgoa.com/GoaShopping/index.php?etabid=182
[57] Fab India: fabindia.com

Ebenfalls interessant klingt **Newton's Supermarket** [58] in Candolim, der größte Supermarkt in Goa. Hier findet man sogar importierte Waren aus den USA und Europa.

## Panaji

☞ de.wikipedia.org/wiki/Panaji

Nun sind wir also im Zentrum Goas und somit in der Hauptstadt **Panaji** angekommen. Eine kleine Einführung hatten wir ja bereits zu der neuen Siedlung (Panaji) und der alten (Goa Velha). Panaji wurde anfangs von den Portugiesen noch 'Nova Goa', also Neues Goa genannt.

Obwohl es sich um die Hauptstadt des Bundeslandes handelt, ist sie relativ klein und **überschaubar**. Sie zählt etwa 40.000 Einwohner und kommt mit den Vorstädten auf etwa 100.000.

Ich würde persönlich einen Besuch als **Tagesausflug** empfehlen und nicht unbedingt einen längeren Aufenthalt dort planen. Trotz der sehenswerten Ecken empfinde ich Panaji und Old Goa doch als laute, stressige und leider auch dreckige Städte. Der Ausflug war schön und interessant, aber ich war dann auch dankbar, mich danach wieder in eine entspanntere Gegend zurückziehen zu können. Und es gibt so schöne Orte in Goa – es wäre schade, seine Zeit nicht hauptsächlich an den besten Plätzen zu verbringen.

Dies gesagt, wenden wir uns den Ecken zu, für die ein Besuch lohnt! Wie es sich für Städte gehört, handelt es sich dabei natürlich vor allem um **kulturelles und historisches Erbe**. Viele der bereits

[58] Newton's Supermarket: business.google.com/website/newtons-supermarket

erwähnten Sehenswürdigkeiten sind in Goa Velha zu finden. Panaji hat aber auch noch etwas zu bieten.

Und noch viel mehr als die hier erwähnten Ziele findest du wieder in der digitalen Karte – vielleicht ist noch etwas anderes dabei, das dein persönliches Interesse weckt!

☞ ecoco.bio/goa

## Fontainhas – das portugiesische Viertel

**Fontainhas** wurde im späten 18. Jahrhundert von Antonio Joao de Sequeira gegründet. Der wohlhabende Portugiese nutzte das Land für Kokosnuss-Plantagen. Nachdem Old Goa jedoch im frühen 19. Jahrhundert wegen der Epidemie umgesiedelt werden musste und die Regierung ihren Sitz nach Panaji verlagerte, verwandelte sich die Gegend in eine Wohngegend für Beamte und Regierungsmitglieder. 1984 wurde Fontainhas in die Liste der **UNESCO Weltkulturerbe** aufgenommen.

Da es noch gar nicht so lange her ist seit die Portugiesen 1961 aus Goa vertrieben wurden, spiegelt der Stadtteil heute noch diesen importierten **mediterranen Charme**. Beim Spaziergang schlendert man durch kleine Gassen mit bunten Häuschen im Kolonialstil und stellt fest, es gilt die Siesta! Nur wird sie hier 'Susegad' genannt.

## Stadttour durch Fontainhas

Fontainhas liegt unterhalb des **Altinho**-Hügels, einer wohlhabenden Gegend. Es empfiehlt sich den Hügel zu bezwingen, um oben die Aussicht vom **Maruti Tempel** zu genießen und von dort den Spaziergang durch das Viertel zu starten.

Der Stadtteil hat seinen Namen vom **'Fonte Phoenix'**, dem Phoenix-Brunnen, der noch heute besichtigt werden kann. Von hier geht es weiter auf die **'Rua 31 de Janeiro'.**

In der **Gallery Gitanjali** [59] kann man einen Stopp einlegen, lokale Handwerkskunst bewundern und handbemalte Keramik oder 'Azulejos', die ortstypischen kleinen Fliesen, mitnehmen. Wem das noch nicht reicht, wirft einen Blick in die **Velha Goa Galeria** [60] gleich ums Eck.

Dann auf zur **St. Sebastian Kirche** und über die **Rua de Natal** weiter Richtung Norden. Und überall natürlich Augen auf und gucken! Die Straßen sind voll von bezaubernden **bunten Häusern** mit vielen liebevollen Details.

Wer neugierig auf die Flüsse Ourem und Mandovi ist, könnte noch die **Patto-Brücke** erkunden und dort eine frische Brise genießen. Wenn dann noch etwas Zeit bleibt, warum nicht noch eine Runde drehen, auf dem Rückweg ein paar Schlenker durch weitere **Gassen** machen und sich Zeit für einige der netten kleinen Geschäfte und Cafés nehmen.

## Sehenswürdigkeiten in Panaji

Auf der digitalen Karte sind viele **mögliche Ziele** eingetragen, die für Menschen mit verschiedensten Interessen spannend sein können. Nur wenige sind jedoch wirkliche Wahrzeichen. Es gibt Vieles, was man unternehmen oder besichtigen könnte, aber ich würde sagen, das meiste ist nicht Pflicht. Mein Vorschlag ist

---

[59] Gallery Gitanjali: gallerygitanjali.com
[60] Velha Goa Galeria: velhagoa.net

daher, sich für den Besuch in Panaji an den persönlichen Interessen zu orientieren und ich empfehle dir, einfach auf der digitalen Karte zu stöbern und dir ein paar Sachen herauszupicken, die du besonders spannend findest.

Ergänzend liste ich hier die **bedeutendsten historischen Gebäude** in Panaji, die häufig als Touristenattraktionen aufgeführt werden und du daher vielleicht nicht verpassen möchtest. Vor allem drei religiöse Monumente sind beliebte Reiseziele. Sie befinden sich alle in einer Straße und symbolisieren somit die Harmonie und das Miteinander der verschiedenen Glaubenszugehörigkeiten. Es handelt sich um die **Moschee 'Jama Masjid'**, die **Kirche 'The Church of Immaculate Conception'** und den **Tempel 'Shree Mahalaxmi Temple'**. Von den vielen nicht-kirchlichen historischen Gebäuden, landet meist das **Reis Magos Fort** (plus Kirche) oben auf der Liste für Besichtigungen.

- **Jama Masjid-Moschee**

  Diese Moschee musst du vor Ort entdecken und dich überraschen lassen – online scheint es dazu nämlich keine Seite zu geben. Sie befindet sich wie die anderen religiösen Monumente in der Straße 'Dr. Dada Vaidya Rd.' und ist auch auf der digitalen Karte markiert.

- **Our Lady of the Immaculate Conception**
  ☞ icchurchpanjim.com

  Die Kirche aus dem Jahr 1541 beherbergt die zweitgrößte Glocke Goas (nach Se Cathedral). Zum Eingang gelangt man im Zickzack über 78 Stufen – welche als Fotomotiv bekannt und beliebt sind.

- **Reis Magos Fort und Kirche**
  ☞ reismagosfort.com
  ☞ goa.gov.in/places/the-reis-magos-church

  Bei dieser Kirche handelt es sich um die älteste der Gegend und eine von dreien, in denen zum Fest der Heiligen Drei Könige noch eine traditionelle Zeremonie abgehalten wird. Die Festung aus dem Jahre 1493 ist die älteste Goas.

- **Shree Mahalaxmi Temple**
  ☞ goa-tourism.com/mahalaxmi-temple

  Die interessante Geschichte dieses Tempels kann auf der verlinkten Seite nachgelesen werden. Nach mehreren Umzügen wurde er 1819 an seinem jetzigen Standort angesiedelt, wo bis heute die Göttin Mahalaxmi verehrt wird.

## Einkaufen

Echt indisch einkaufen kann man auf dem städtischen Markt, dem **'Municipal Market'** in der nord-westlichen Ecke des Zentrums, nahe der Promenade. Hier findet man Kleidung, Wohnartikel und Lebensmittel. Einen ähnlichen Markt gibt es übrigens auch in Mapusa.

Die wichtigste **Einkaufsstraße** ist die '18th June Road' im Zentrum von Panaji. Hier findet auch ein Nachtmarkt statt. Um die Einkaufsmeile herum findet man in der ganzen Innenstadt ein üppiges Angebot an Geschäften und Gastronomie.

Etwas südlich davon befindet sich die **Caculo Mall** [61]. Weiter nördlich, auf der anderen Seite des Flusses in Porvorim, liegt die **Mall De Goa** [62].

## Stadtstrände

Panaji hat zahlreiche Stadtstrände. Als die beliebtesten gelten **Miramar**, **Bogmolo** und **Dona Paula**. Sie sollen jedoch auch recht überfüllt und nicht besonders sauber sein. Daher empfiehlt es sich für einen Strandtag, lieber außerhalb der Stadt eines der vielen schönen Ziele auszuwählen.

Wer unbedingt in Stadtnähe bleiben möchte, könnte auch zu den beliebten Stränden **Coco Beach** und **Kegdole Beach** auf der anderen Seite des Flusses aufbrechen.

## Inseln Diwar und Chorao

Ab Ribandar oder Old Goa kann man mit Fähren zu den Inseln Diwar und Chorao fahren. Beliebt sind sie unter **Vogelbeobachtern**. Sie eignen sich aber auch einfach für einen netten Spaziergang und eine kleine Entdeckungstour.

## Casinos

Glücksspiele sind in Goa illegal. Deswegen werden **Casinos offshore auf Booten** betrieben. So findet man direkt vor der Küste

[61] Caculo Mall: caculomall.in
[62] Mall De Goa: malldegoa.com

von Panaji, in der Flussmündung, eine ganze Reihe von schwimmenden Casinos. Ich habe mir selbst keines angesehen, aber sie sollen recht luxuriös sein. Wer sein Glück versuchen möchte, könnte es auf einer der Luxusyachten probieren.

### Co-Working

In der Hauptstadt gibt es natürlich auch ein Co-Working Space, falls du unterwegs ein Büro benötigst. Das **MeWo** [63] ist zentral gelegen und professionell ausgestattet. Man findet hier zum Beispiel auch Konferenzräume.

## Old Goa (Goa Velha)

☞ de.wikipedia.org/wiki/Velha_Goa

Für die kurzen Fahrten zwischen Panaji und Old Goa kann man sich gut ein Tuktuk oder Taxi nehmen.

Das **'Alte Goa'** ist nun also die Stadt, die wegen der Epidemien im 17. und 18. Jahrhundert verlassen wurde. Inzwischen hat der Dschungel einen Teil zurückerobert. Dennoch kann man im alten **'Rom des Orients'** und **UNESCO Kulturerbe** noch zahlreiche historische Bauten bewundern. Wegen ihres europäischen Stils und der portugiesischen kolonialen Architektur sind sie nicht zuletzt im Kontext ihrer indischen Heimat etwas Besonderes.

Die lange Liste von **Kirchen**, die es in Old Goa zu besichtigen gilt, lässt die Stadt riesig erscheinen. Sie erweckt den Eindruck, dieser Rundgang allein würde schon einen ganzen Tag beanspruchen.

---

[63] MeWo Co-Working Space: mewo.co

Tatsächlich liegen die meisten dieser Sehenswürdigkeiten direkt nebeneinander, so dass man ohne jeglichen Zeitverlust von einem zum nächsten gelangt. Die Runde dauert also eigentlich so lange, wie man innerhalb der Gebäude verbringen möchte.

Auf der digitalen Karte sind wieder eine große Zahl an Sehenswürdigkeiten eingetragen. Zu den bekanntesten gehören:

- **Se Cathedral**
  ☞ goa.gov.in/places/se-cathedral-churche

  1619 erbaut, ist dies eine der größten und ältesten Kirchen in Goa, mit der größten Glocke. Auch bekannt als St. Catherine's Cathedral. Sie ist Sitz des Erzbischofs von Goa.

- **St. Franz von Assisi Kirche**
  ☞ goa-tourism.com/assisi

  Diese Kirche hat durch eine Mischung verschiedener Baustile ihren eigenen, ganz besonderen Charme. Außerdem wird der Außenbereich als archäologisches Museum genutzt.

- **Basilica Bom Jesus**
  ☞ bomjesus.org

  Die Basilika beherbergt den Reliquienschrein von **St. Franz Xaver**. Sein Todestag am 3. Dezember ist ein Feiertag in Goa. Alle zehn Jahre werden zu diesem Anlass auch die Gebeine von der Ruhestätte entfernt.

Für den Besuch der Kirchen müssen die Schultern und Knie bedeckt sein. Also unbedingt **lange Kleidung** oder Tücher mitbringen.

Von der Basilica Bom Jesus die Straße entlang zum **Ghandi Circle** gelangt man in ein buntes indisches Treiben. Hier drängt sich ein Marktstand an den anderen und der Trubel wirkt wie ein kleines Festival.

Wenn Old Goa der letzte Stopp der Tour war, könnte man von hier mit dem Tuktuk zum **Bahnhof Karmali** und nach Hause fahren. Oder man nimmt einen **Bus auf der Old Goa Road**. Ist der Tag noch jung, geht es mit dem Tuktuk oder Bus weiter nach Panaji oder vielleicht mit der Fähre vom **Old Goa Ferry Terminal** über den Mandovi zur Insel Diwar.

*Ghandi Circle in Old Goa*

## Utorda, Majorda, Betalbatim & Colva

☞ en.wikipedia.org/wiki/Colva

In Utorda, Majorda, Betalbatim und Colva bewegen wir uns nun in der Gegend unmittelbar **südlich von Panaji**. Die Hauptstadt ist mit einem Fahrzeug in wenigen Minuten zu erreichen. Die Strände sind flacher, weniger felsig und der Sand ist weißer.

Direkt südlich dieser Ortschaften befindet sich **Margao**, sozusagen die Hauptstadt von Süd-Goa. Dort ist zwar für Touristen nicht viel Programm geboten, man hat aber Gelegenheit den normalen Alltag der Ortsansässigen zu beobachten. Außerdem gibt es größere Gemüsemärkte.

Von den kleinen Städtchen soll Majorda das interessanteste sein. Bei Utorda handelt es sich wohl um einen ganz einfachen Strand, von dem es nicht viel zu berichten gibt. Colva soll den unattraktivsten Strand haben, jedoch ein sehr schönes **Beach House Wellness Retreat** [64].

Auch sonst bietet die Gegend zahlreiche **luxuriöse Spas** und Fünf-Sterne-Hotels. Abgesehen davon, scheint es nicht viel Nennenswertes an Gastronomie oder Einkaufsmöglichkeiten zu geben. Da wir nun in Süd-Goa sind, sind auch Partys seltener zu finden. Auf der Südseite heißt das Motto: Wellness, Yoga und Ayurveda.

Für einen interessanten Ausflug findet man nicht weit entfernt, in Loutolim, etwas weiter im Inland, das **Ancestral Goa Museum** [65]. Hierbei handelt es sich um ein Freilichtmuseum in Dorfstruktur,

[64] Beach House Wellness Retreat: thebeachhousegoa.com, Retreat buchbar über ecoco.bio/beachhouse
[65] Ancestral Goa Museum: ancestralgoa.com

das zeigt wie in etwa das Leben in Goa vor 100 Jahren gestaltet war.

## Varca, Cavelossim, Mobor & Betul

☞ en.wikipedia.org/wiki/Varca

☞ en.wikipedia.org/wiki/Cavelossim

☞ en.wikipedia.org/wiki/Mobor

☞ en.wikipedia.org/wiki/Betul,_Goa

Diese Gegend ist etwas ländlicher und von Touristen noch wenig entdeckt. Sie bietet Gelegenheit, etwas **Ruhe** zu finden und das 'echte' Goa zu erleben. Hier kann man die **Natur** genießen, fern der Massen.

Für Touristen werden nur **wenige Aktivitäten** angeboten. Die Hotels organisieren Dorfführungen, Fahrradverleih, Kajaktouren oder Bootsfahrten, um Delfine zu sehen. Die Auswahl an Restaurants ist eingeschränkt.

Von diesen vier kleinen Ortschaften sind **Varca und Cavelossim** noch die größeren. Mobor und Betul sind winzig und ihre Strände noch völlig unerschlossen. Hotels befinden sich nur innerhalb der Siedlungen. Direkt am Strand findet man jedoch einige Hütten.

Als Ausflugsziel bietet sich das **Cabo De Rama Fort** [66] an – wobei dic Anfahrt durch den Dschungel spektakulärer sein könnte als die Ruine selbst. Einen besseren Blick auf das Fort bekommt man von einem Boot aus.

---

[66] Cabo De Rama Fort: goa.gov.in/places/cabo-de-rama-fort

Außerdem kann man **alte Herrenhäuser** besichtigen. Sie wurden früher einmal von reichen portugiesischen und indischen Familien erbaut und sind meist im Familienbesitz geblieben. Manche wurden an Mitarbeiter weitergegeben, als die Portugiesen das Land verließen. Einige sind für Besichtigungen geöffnet. Der goanisch-portugiesische Baustil mit den roten Backsteinen ist einzigartig. Oft sind die Häuser mit einem viereckigen Innenhof angelegt.

Nennenswert sind vor allem das **Braganza House** [67] in Chandor, das **Casa Araujo Alvares** [68] in Loutolim und das **Palacio do Deao** [69] in Quepem. Auf dem Weg dorthin kommt man auch an vielen weiteren beeindruckenden Gebäuden vorbei. Die Fahrt lohnt sich!

## Agonda

☞ en.wikipedia.org/wiki/Agonda

Nun kommen wir also endlich in mein geliebtes Dreieck bestehend aus **Agonda, Palolem und Patnem**, in dem ich während meiner Monate in Goa von einer Unterkunft zur nächsten gehüpft bin. Von den dreien ist Palolem das größte Städtchen, in dem am meisten los ist, Patnem das kleinste und Agonda liegt irgendwo dazwischen und genießt die Vorteile beider Extreme.

Agonda ist vor allem unter Yogis bekannt. So manch einer wird erzählen, dass das Städtchen im Grunde auf der bekannten **Yogaschule Sampoorna** [70] aufbaut, in der vor allem Yogalehrer

[67] Braganza House: goa.gov.in/places/braganza-house
[68] Casa Araujo Alvares: casaaraujoalvares.com
[69] Palacio do Deao: palaciododeao.com
[70] Sampoorna Yoga: sampoornayoga.com

sich aus- und weiterbilden lassen. In der Nachbarschaft befindet sich jedoch eine Vielzahl von Einrichtungen, die ebenfalls Yoga Teacher Training anbieten. Und noch mehr Kurse, die für jeden Yogi offen sind – ob Einsteiger oder Geübter.

Es ist nicht zu übersehen, dass die Infrastruktur in dem Städtchen stark an die **Bedürfnisse der westlichen Yogis** angepasst ist. Die mitgebrachte Nachfrage ermöglicht die Existenz zahlreicher Health Food Cafés, veganer und vegetarischer Restaurants, ayurvedischer Angebote – und Yogastunden kann man selbstverständlich praktisch in jeder Unterkunft besuchen.

Auch wenn ein Teil der Touristen in Agonda einfach nur zum Strandurlaub einfliegt, so ist die starke Präsenz von Besuchern der **Yogaschulen und Ayurveda-Zentren** deutlich bemerkbar. Es ist dieses spezielle Angebot und das dazugehörige Publikum, das den besonderen Vibe in Agonda ausmacht. Hier geht es entspannt, freundlich und harmonisch zu. Man fühlt sich wohl. Bei Sonnenaufgang wird am Strand meditiert und Yoga geübt. Abends versammelt man sich dort mit den Kühen zum Sundowner.

Agonda

ZEST
Vegan & Vegetarian Cafe
Stone Baked Pizzas
Specials
Breakfast
HOME MADE VEGAN NUT CHEESES ALSO AVAILABLE

Looe's

LAUNDRY SERVICE

Allgemein ist der **Strand** noch nicht so voll gepackt wie in Palolem. Und dennoch kann man fast jeden Abend eine Strandbar mit etwas Live Musik finden, wenn man möchte. Chillige Unterhaltung, natürlich. Mit etwas Glück auch mal eine **Party**. Etwas außerhalb im Inland wird auch mit DJs im Leopard Valley Club [71] gefeiert.

Wer **Yogastunden oder ein Ayurveda-Spa** besuchen möchte, braucht nur einmal die Straße entlang zu spazieren. Agonda Beach besteht praktisch nur aus einer einzigen langen Straße parallel zum Strand. Die Unterkünfte und Schulen werben am Straßenrand mit ihrem Angebot und als einzige Herausforderung bleibt die Qual der Wahl.

Ebenso gibt es unzählige gute **Gastronomiebetriebe**. Meine liebsten findest du in der digitalen Karte vermerkt. Einige hatte ich im Kapitel zum Essen schon erwähnt, wie das kleine Café La Boheme [72] – eine der besten Adressen für vegane und glutenfreie Gerichte. Oder das Thali House oder My Friend's Place [73] für authentisch indisches Essen. Agonda bietet enorm viele Gelegenheiten richtig lecker zu Schlemmen! Ich müsste hier eine lange Liste an sehr guten Restaurants aufführen – stattdessen hinterlege ich sie in der Karte, dann siehst du auch gleich, was in deiner Nähe ist.

Ähnlich verhält es sich mit den **Unterkünften**. In erster Reihe am Strand liegt ein Resort neben dem anderen. Eine Anlage schöner als die andere. Auch in günstigen Strandhütten sind die Nähe zum Meer und die Idylle unter den Kokospalmen nicht zu verachten. Und ob man nun mit kleinem oder großen Budget reist, traditionell indisch, modern westlich oder naturverbunden wohnen möchte, es

[71] Leopard Valley Club: facebook.com/leopardvalley
[72] Café La Boheme: facebook.com/Cafe-La-Boheme-2224487844333155
[73] My Friends Place Restaurant & Guesthouse, Unterkunft buchbar über ecoco.bio/myfriendsplace

ist für jeden etwas dabei. Einige der beliebtesten Adressen sowie ein paar günstige und dennoch gute Optionen habe ich auf der Karte eingetragen. Klick' dich einfach mal durch und schau' was dir zusagt.

Zum Shopping findet man in Agonda zahlreiche typische Strandstände, die günstige, indische **Sommerkleidung** verkaufen – ideal für das Beach Life in Goa. Für 'richtige' Läden und Boutiquen muss man nach Palolem. Allerdings habe ich in Agonda die größte Auswahl an **Naturkosmetik** in einem kleinen Laden gegenüber dem vegetarischen Zest Café gefunden!

Wer Lust auf einen Ausflug zu einem 'geheimen' Strand hat, kann sich etwas südlich auf Entdeckungsreise zum **Butterfly Beach** machen. Er ist sogar auf Google Maps eingetragen. Ganz so geheim scheint er also doch nicht zu sein. Aber etwas versteckt. Nördlich von Agonda befindet sich der **Cola Beach** und bietet mit nur ein paar wenigen schönen Resorts an einer Lagune Karibikfeeling pur.

Eine beeindruckende tierische Entdeckung rundet das Angebot ab: am nördlichen Ende von Agonda kommt man an Bäumen vorbei, in denen Tausende von riesigen **Fledermäusen** hängen!

# Palolem

☞ en.wikipedia.org/wiki/Palolem

Palolem Beach ist nun also das **Zentrum** dieser südlichen Strandmeilen, sozusagen 'the place to be'. Hier ist am meisten los, aber dennoch herrscht (noch) kein Massentourismus wie in manchen Teilen Nord-Goas.

Der Strand gilt als der möglicherweise schönste in Goa. Er ist mit einem dichten Wald aus **Kokospalmen** gesäumt, was ihm eine Art Karibikflair verleiht und zu internationaler Berühmtheit verhalf – wer 'The Bourne Supremacy' gesehen hat, erinnert sich vielleicht an eine Verfolgungsjagd, die genau hier gefilmt wurde.

*Palolem Beach*

Ebenso ist der kilometerlange Strand nahezu lückenlos von Strandbars und Restaurants 'bepflanzt'. Die gute Nachricht: fast alle stellen kostenlose **Liegestühle** zur Verfügung! Und zwar viel mehr als die Touristen bräuchten. Man sieht also praktisch nie jemanden auf seinem Handtuch im Sand liegen. Als 'Bezahlung' für den Komfort bestellt man einfach etwas vom Menü des Restaurants – und der Drink wird sogar an der Liege serviert. Vom Strand kann man weit ins flache Meer hinauslaufen und das Wasser ist meistens ruhig, im Schutz der Bucht.

Auch für Palolem gilt: es gibt unzählige Gelegenheiten zu **Schlemmen**! Da wäre zum Beispiel das 'Little World' [74] für vegane und auch glutenfreie Optionen, oder das 'Sai Krupa' für südindische Spezialitäten, und natürlich auch hier eine Filiale des pflanzlichen 'Zest Cafés' [75], um nur ein paar wenige zu nennen. Die breite Auswahl findest du wieder in der digitalen Karte. Ebenso die verschiedensten **Unterkünfte**, die genauso abwechslungsreich gestaltet sind wie in ganz Goa.

Neben einem unglaublichen kulinarischen Angebot und traumhaften Unterkünften findet man in Palolem aber auch ein wenig Unterhaltung! Auch hier ist in einigen Strandbars Live-Musik zu hören und am südlichen Ende veranstaltet das Steak House sogar **Kinoabende** im Freien. Einfach vor Ort mal nachschauen, was die Tafel zum Programm sagt. Nicht weit davon befindet sich auch der einzige **Nachtclub** in der Gegend: der Silent Noise Club [76]. Hier wird mit Kopfhörern zum Kanal der Wahl abgerockt. Die kuriose Idee ergab sich wegen der Ruhezeiten – in Süd-Goa kehrt offiziell eigentlich noch vor Mitternacht Ruhe ein.

---

[74] Little World: facebook.com/pages/Little-World-Palolem-Beach/253515614821790
[75] Zest Café: zestcafegoa.com
[76] Silent Noise Club: facebook.com/SilentNoiseIndia

Eine besondere Ecke in Palolem gilt es noch zu erwähnen: die **Ourem Road**. Läuft man am Strand bis zum südlichsten Ende und biegt dort zwischen den Felsen, am Steak House vorbei, in den Dschungel ein, landet man auf der Ourem Road. Die Straße schlängelt sich etwas und wirkt an diesem Ende recht wild und irgendwie kam ich mir dort ein wenig vor wie auf einem Festival-Gelände. Die Ecke hat einen ganz eigenen Vibe.

Hier sind für meinen Geschmack etwas seltsame **Party-Bars** zu finden. Es wirkt alles etwas weniger gepflegt als auf der Hauptstraße. Man sieht Touristen schon morgens an der Theke über Gläsern mit harten Alkoholika hängen und viele Betriebe tragen Namen, die auf europäische Inhaber schließen lassen. Die Straße ist mit Ständen gesäumt – eigentlich nichts Neues, aber die Verkäufer erschienen mir hier besonders geschäftstüchtig.

Wenn man aus dem Trubel in Strandnähe herausfindet, stößt man dann aber doch auch wieder auf nett ausschauende **Yoga-Resorts**, ein **Künstlercafé** oder das Avocado Garden Restaurant [77]. So ganz bin ich aus der Ecke nicht schlau geworden. Vielleicht war es auch nur eine unglückliche Momentaufnahme. Schau' es dir einfach mal an.

*Flussmündung am Nordende von Palolem Beach*

[77] Avocado Garden: facebook.com/avocadogardenpalolem

# Patnem & Colomb Beach

Patnem und Colomb Beach werden gerne mit Palolem zusammen geworfen. Die Ortschaften gehen auch nahtlos ineinander über und wenn man sich in einer **Unterkunft in der Mitte** platziert, hat man jeden Tag aufs Neue die Wahl, ob man ihn nun rechts am Strand von Palolem oder links am Colomb Beach oder Patnem Beach verbringt. Dafür bietet zum Beispiel das Secret Garden [78] ein schönes Fleckchen mit verschiedenen Hütten für jedes Budget.

Die kleineren Strände von Patnem und Colomb Beach sind vergleichsweise **klein und ruhig**. Direkt am Strand findet man zwar ebenso schöne Bars und Restaurants wie im größeren Palolem – nur nicht ganz so viele und nicht lückenlos aneinander gereiht. Spätestens wenn man sich ins Dorf hinter dem Strand auf Erkundungstour begibt, merkt man jedoch, dass im Vergleich zu Palolem praktisch gar keine 'Innenstadt' existiert. Die Sträßchen bestehen aus vereinzelten, teils verstreut im Dschungel liegenden Gebäuden.

Darunter sind aber auch Unterkünfte und sogar ein paar richtig nette Restaurants – man findet sie nur nicht so geballt an einem Platz wie in Palolem. Auch findet man in Strandnähe ein paar sehr schöne, ruhig gelegene Resorts für Ayurveda und Yoga. Und im Kala Bahia [79] finden regelmäßig Veranstaltung wie **Poetry Slams und Kinoabende** statt. Auch hier müsste man einfach vor Ort auf die Aushänge achten oder sich bei einem Besuch im Restaurant erkunden und bei der Gelegenheit die traumhafte Lage mit Ausblick genießen.

---

[78] Secret Garden Eco Resort Patnem: secretgardenpatnem.com, buchbar über ecoco.bio/secretgarden

[79] Kala Bahia: kalabahia.com

Etwa in der Mitte des Strandes befindet sich der Einstieg in die kurze **Einkaufsstraße** von Patnem. Zu entdecken gibt es hier die üblichen kleinen Mini-Supermärkte, Goa-Mode und Accessoires sowie einige **Restaurants** wie das Vegan Casa [80] mit seiner tollen Dachterrasse oder eine Saftbar. Am Ende der Straße kann man links in die Parallel-Straße zum Strand einbiegen und findet dort noch ein paar interessante Restaurants. Zum Beispiel ist hier das kleine Restaurant einer Dame namens Maria versteckt, wo man im Hinterhof des Familienhauses authentisch indische Spezialitäten verköstigen kann.

Für einen Ausflug bietet sich der zweitgrößte **Wildpark Cotigao Wildlife Sanctuary** [81] an. In der Nähe befindet sich auch der alte Hindu-Tempel **Shree Samsthana Gokarn Partagali Jeevottam Math**.

Maria Café Patnem

[80] Vegan Casa: facebook.com/Vegan-Casa-302736117028782
[81] Cotigao Wildlife Sanctuary: forest.goa.gov.in/weetg

Noch etwas weiter südlich von Patnem liegt **Talpona**. Auch hierhin kannst du einen kleinen Ausflug unternehmen. Die Fahrt führt am Talpona-Fluss entlang und über eine Brücke. Am südlichen Ende von Talpona befindet sich der **Turtle Beach**, wo zur Brutzeit Schildkröten beobachtet werden können. Näheres zu dieser Gegend im nächsten Abschnitt.

Im LaLit Resort [82] südlich von Patnem (zwischen Patnem und Talpona) gibt es übrigens auch die Möglichkeit für eine Partie Golf. Der **Golfplatz** gilt als der beste in Goa (ein neuer wird im Norden gebaut) und ist auch für Besucher geöffnet.

[82] LaLit Resort: thelalit.com/the-lalit-goa, buchbar über ecoco.bio/lalit

# Talpona & Turtle Beach

☞ en.wikipedia.org/wiki/Galgibaga_Beach

Hier habe ich einen kurzen Aufenthalt eingelegt und bin dabei am **nördlichen Ende von Talpona** gelandet. Die Lage ist wunderbar idyllisch an der Flussmündung und schön ruhig. Ideal, um sich eine Auszeit vom Lärm der anderen Städtchen zu nehmen oder zurückzuziehen, wenn man an einem Buch oder anderen Projekt arbeiten möchte. Es gibt hier nämlich nichts was einen ablenken könnte. Wenn nicht gerade eine Kuh oder ein Äffchen vorbei schaut.

In Laufdistanz vom nördlichen Ende befinden sich gerade einmal eine Handvoll **Restaurants**. Darunter leider nichts, was für Pflanzenfresser wirklich nennenswert wäre. Aber man kommt mit klassischen indischen Gerichten durch. Der **Strand** wirkt im Vergleich zu den anderen Städtchen geradezu unentdeckt. Hier verirren sich nicht viele hin und das gastronomische Angebot beschränkt sich auch auf die bereits erwähnten Optionen. Es ist aber wirklich schön hier und wer Lust auf Ruhe hat, findet sie!

Das **südliche Ende um den Galgibaga Beach** und die Galgibaga-Flussmündung ist schon mehr erschlossen. Es gibt ein paar Restaurants, darunter tatsächlich auch ein vegetarisches, das Veggie Turtle. Die örtliche Kirche am Strand muss wohl eine beliebte Kulisse für Hochzeiten sein. Man merkt, dass es Besucher etwas häufiger hier hin verschlägt als an die nördliche Seite. Der Strand wirkt unberührt, es gibt noch keine Strandbars. Das Meer kann etwas rau sein und wer schwimmen will sollte vorsichtig sein, es wird nicht immer empfohlen.

Nicht zu übersehen ist auch der abgesteckte **Turtle Beach**, an dem die 'Olive Ridley'-Schildkröten brüten. In Goa gibt es insgesamt noch drei oder vier solcher Brutplätze. Mehr dazu im Abschnitt 'Schildkröten' im Kapitel Sehenswürdigkeiten.

## Inland und Westghats

☞ de.wikipedia.org/wiki/Westghats

Im Inland von Goa kann man **kleine Dörfer** erkunden und landet bald auch im **Dschungel**, genauer gesagt in den Westghats.

Einige der beliebtesten kleinen Dörfer, in denen man auch noch eine touristische Infrastruktur findet, sind zum Beispiel Siolim, Saligao und Assagao. Im Dschungel gibt es Homestays und **Outdoor-Aktivitäten**. Auf jeden Fall kann man sich im Inland in die Natur zurückziehen und Ruhe genießen.

Es gibt dort wunderschöne Boutique Hotels, Retreat Centers und Villas, wo man sich für eine Auszeit einquartieren kann und auch Aktivitäten wie Kochkurse und Yoga angeboten werden. Man findet auch ein paar **Eco Resorts** wie das **Olaulim Backyards** [83], das **Wildernest** [84] in Chorla oder das **Off the Grid** [85] an der Karnataka-Grenze, die zudem Programm für Outdoor-Abenteurer bieten.

In Siolim befindet sich auch ein **Co-Working** Space: das Co-Worx [86].

## Mangeli Wasserfall

☞ mangeli-waterfall.business.site/

Der Mangeli-Wasserfall liegt genau genommen gar nicht mehr in Goa, sondern im Bundesstaat **Maharashtra**, an der Grenze zu Karnataka. Falls man in den Westghats Zeit in dieser Ecke des Naturparks verbringt, könnte man den Wasserfall für einen Tagesausflug einplanen.

[83] Olaulim Backyards: olaulimgoa.com
[84] Wildernest: wildernest-goa.com
[85] Off the Grid: offthegrid.in
[86] Co-Worx: facebook.com/coworxindia

# KULINARISCHES LEXIKON

☞ ecoco.bio/goa-essen

Ich habe einen großen Stapel **Speisekarten** aus unzähligen Restaurants in Goa durchkämmt. Dabei habe ich versucht Begriffe zu identifizieren, über die man vielleicht stolpert, weil man sie angesichts der fremden Sprachen nicht versteht. Daraus ist nun dieses Wörterbuch oder Lexikon zu indischem Essen entstanden.

In der ersten Spalte des **Wörterbuchs** findest du den Begriff auf **Hindi oder Englisch**, wie er meistens auf den Menüs zu finden ist. Daneben sind weitere mögliche Schreibweisen oder Bezeichnungen aufgeführt. Dazu ein Hinweis: man muss beim Lesen dieser indischen Menüs schon mit sehr viel Offenheit und Fantasie an den Text heran gehen! Beim Versuch, die indischen Begriffe in eine andere Sprache und andere Schrift zu übertragen, entstehen **viele verschiedene kreative Variationen** ein und desselben Wortes. Ganz zu schweigen von den vielen indischen Dialekten, die teils verschieden übertragen werden. Und natürlich passieren auch mal Schreibfehler.

Lese die Begriffe in diesem Wörterbuch also einfach wie einen 'Richtwert' – und falls du auf einem Menü etwas entdeckst, das in irgend einer Form **Ähnlichkeit** hat, ähnlich aussieht oder etwas verdreht ähnlich ausgesprochen werden könnte, dann handelt es sich ziemlich sicher um den Begriff, den du suchst!

So wird aus 'green peas' zum Beispiel 'green piece' und soll grüne Erbsen heißen, nicht grünes Stück. Oder der traditionelle goanische Schichtkuchen wird mal als 'bebinca' bezeichnet, mal heißt er 'bibik' oder einfach 'Goan pudding'. Also, bei diesen indischen Speisekarten ist **kreatives Lesen** gefragt!

In der **digitalen Version** dieses Buches kannst du auch die Suchfunktion im Text verwenden, um deinen Begriff schneller herauszupicken. Ergänzend zum Buch habe ich das Wörterbuch auch auf meine Webseite gepackt, so dass du dort die **Suchfunktion** im Browser verwenden kannst. In den meisten Fällen ist dies die Tastenkombination 'Strg + F' (für 'finden'). Oder du schaust im Menü deines Browsers nach, wo die 'Finden'-Option versteckt ist.

Hier geht's zur **Online-Version** des kulinarischen Wörterbuchs:

☞ ecoco.bio/goa-essen

Manche Einträge sind mit einem **'X' markiert**. Das sind Zutaten oder Gerichte, die sicher oder üblicherweise **nicht vegan sind oder Gluten enthalten**. Somit hast du einen einfachen Hinweis, falls du diese Zutaten meiden möchtest. Für manche dieser Lebensmittel findest du im Restaurant auch mal vegane und glutenfreie Alternativen auf dem Menü oder kannst die Küche bitten, einzelne Zutaten zu entfernen oder zu ersetzen. Wenn ein Nahrungsmittel oder Gericht sehr einfach anzupassen ist oder üblicherweise eine gute Alternative angeboten wird, markiere ich es nicht mit dem 'X'.

In der nächsten Spalte findest du die **deutsche Übersetzung** und wo nötig noch eine kleine Erläuterung oder **zusätzliche Info**. An vielen Stellen habe ich auch vermerkt, welche **nicht-veganen oder glutenhaltigen Zutaten** enthalten sind. Mit hundert-prozentiger Sicherheit kann man es zwar nicht immer sagen, denn Rezepte können variieren. Aber wenn die Verwendung der Zutat durchaus üblich und mir bekannt ist, habe ich sie vermerkt. Im Zweifel oder bei Unverträglichkeiten gilt natürlich wie immer: nachfragen! Und dies gilt auch für Einträge, die ich nicht als problematisch gekennzeichnet habe. Denn nur der Koch selbst weiß wirklich, was in seinem Gericht steckt.

Ich hoffe auf jeden Fall, du findest das Wörterbuch hilfreich – ob du nun in Goa kulinarisch unterwegs bist oder auch zuhause mal Lust hast, ein Restaurant zu besuchen und richtig lecker indisch zu essen.

Guten Appetit und lass' es dir schmecken!

| ***Was bedeutet ... ?*** | | | ***Deutsch*** | ***Info*** |
|---|---|---|---|---|
| **almond** | | | Mandel | |
| **aloo** | alu | | Kartoffel | |
| **atta** | | X | Vollkorn-Weizenmehl | |
| **baingan masala** | | | Auberginen-Gericht | Mit Gewürzen gefüllt und gekocht. |
| **baked** | | | Gebacken | |
| **baked beans** | | | Weiße Bohnen in Tomaten-Soße (englisch) | |
| **balti** | | | Eisentopf, Gerichte darin in Soße gekocht | |
| **balti dal** | | | Linsen-Tomaten-Curry | |
| **barley** | pearl barley | X | Gerste | |
| **beans** | | | Bohnen | |

| | | | | |
|---|---|---|---|---|
| **bebinca** | bebik, bibik, Goan pudding | X | Goanischer Schichtkuchen | Traditionell 7 Schichten. Weizen, Zucker, Eigelb, Ghee, Kokosmilch. |
| **beetroot** | | | Rote Beete | |
| **bhaji** | bhajiya, bajji, pakora | | Snack, meist in Teig frittiert | Kichererbsenmehl. Weizenmehl möglich. |
| **bhindi** | bindi, bhendi, okra | | Okra (mildes Gemüse) | Schote wie kantige Mini-Zucchini. |
| **bhurji** | | X | Würziges Rührei | Gewürze, Chili, Zwiebel. Auch Paneer, Gemüse, Kartoffeln. |
| **biryani** | | X | Reisgericht auf Basis von gebratenem Reis | Traditionell in Ghee angebraten. |
| **bitter gourd** | | | Bittergurke, Bittermelone | |
| **boiled** | | | Gekocht | |
| **boondi** | | | Puffbällchen aus Kichererbsen | |
| **brinjal** | eggplant | | Aubergine | |
| **buckwheat** | | | Buchweizen | |
| **cabbage** | | | Kraut, Kohl | |

| | | | | |
|---|---|---|---|---|
| **cafreal** | | | Goanische Curry-Gewürz-Mischung | Grüne Chilis und Gewürze. Vor allem für Huhn. |
| **capsicum** | sweet/bell peppers | | Paprika | |
| **chai** | | X | Schwarztee, meist mit Milch | |
| **channa** | chana, chole, chickpeas | | Kichererbsen | |
| **chapati** | | X | Fladenbrot | Weißes Weizenmehl. |
| **chestnuts** | | | Kastanien, Maronen | |
| **chickpeas** | channa, chole | | Kichererbsen | |
| **chikoo** | | | Breiapfelbaum, Sapote | |
| **chips** | fries, fried potatoes | | Pommes | |
| **chocolate ball** | | X | Dessert-Kugeln aus Keks, Kokos, Kakao | Weizen, Milchprodukte. |
| **chutney** | | | Dip/Soße, würzig, süß-sauer, scharf-pikant | Wie würzige Variante von Marmelade. |
| **cinnamon** | | | Zimt | |
| **coleslaw** | cabbage slaw | X | Krautsalat (englisch) | Mayonnaise, Milchprodukte. |

Vegan Chickpea Omelette
im Café La Boheme Agonda

| | | | | |
|---|---|---|---|---|
| **corn** | sweet corn, mais | | Mais | |
| **cow** | | X | Kuh | |
| **crisps** | | | Knabber-Chips | |
| **cucumber** | | | Gurke | |
| **curd** | dahi | | Hausgemachter Joghurt | Traditionell nicht gekauft oder pasteurisiert. |

| | | | | |
|---|---|---|---|---|
| **custard** | | X | Vanillesoße | Meist aus Fertigpulver. Ei, Milchprodukte. |
| **dahi** | curd | X | Hausgemachter Joghurt | Traditionell nicht gekauft oder pasteurisiert. |
| **dahinwala** | | X | Gericht mit Joghurt | |
| **dairy** | | X | Milchprodukte (tierisch) | |
| **dal** | daal, dhal, dahl | | Gespaltene Hülsenfrüchte; Suppe, Curry daraus | Ohne weitere Bezeichnung meist Linsen. |
| **dal fry** | | | Linsen-Curry | Fry = gebraten, bezeichnet hier Anrösten vor Beigabe der Flüssigkeit. |
| **dal makhani** | | X | Hülsenfrüchte-Mischung in Curry-Soße | Milchprodukte. |
| **dal tadka** | dal tarka | | Linsencurry, flüssiger als 'Dal Fry' | Eher wie Suppe. Garniert mit getrockneten Chilis. |
| **dates** | | | Datteln | |
| **do pyaza** | do pyaaza | | Gericht mit zwei Sorten Zwiebeln | Meist Huhn. |

| | | | | |
|---|---|---|---|---|
| **dosa** | thosai | | Herzhafter dünner Pfannkuchen | Natur-gesäuerter Reis-Linsen-Teig, wie Uttapam. Großformatig, gerollt, in der Mitte eine Füllung. |
| **dum aloo** | alu dum | X | Kartoffelgericht aus Kaschmir | Kleine, ganze Kartoffeln zunächst frittiert, dann in Currysoße gekocht. Joghurt. |
| **eggplant** | brinjal | | Aubergine | |
| **falafel** | | | Kichererbsen-Bällchen (orientalisch) | |
| **feni** | fenny, fenno, fenim | | Goanischer Likör | Cashew, Kokos oder Palmyrapalme. |
| **fenugreek** | methi | | Bockshornklee | |
| **figs** | | | Feigen | |
| **flaxseed** | | | Leinsamen | |
| **french fries** | fries, chips | | Pommes | |
| **fried** | | | Frittiert | |

| | | | | |
|---|---|---|---|---|
| **fritter** | | X | Frittierter Snack | Z.B. Dessert 'banana fritters' = frittierte Bananen. Meist in Weizen-Teig. |
| **garlic** | | | Knoblauch | |
| **ghee** | | X | Geklärte Butter | Ayurvedisch. Küchen, die nicht speziell ayurvedisch sind, verwenden heute oft Öle. |
| **ginger** | | | Ingwer | |
| **goat** | | X | Ziege | |
| **gobi** | ghobi | | Blumenkohl | |
| **grape** | | | Weintraube | |
| **grated** | | | Gerieben, geraspelt | |
| **gravy** | | | Soße, Currysoße | Englisches Wort für Bratensoße, in Indien verwendet für Currysoße. |
| **guacamole** | | | Dip aus Avocados (mexikanisch) | Kann Milchprodukte enthalten. |
| **gunpowder potatoes** | | | 'Schießpulver'-Kartoffeln | Kleine Kartoffeln in würzig-scharfer Marinade geröstet. |

| | | | | |
|---|---|---|---|---|
| **hakka noodles** | | | Nudel-Pfannengericht (chinesisch) | Gekochte Nudeln mit Gewürzen, weiteren Zutaten, in Pfanne gerührt. Reis oder Weizen. |
| **hashed** | hash | | Klein gehackt | Z.B. Kartoffeln als Rösti. |
| **hello to the queen** | | X | Indisches Dessert, Eisbecher mit Keksen | Banane, Schoko-Soße. Weizen, Milchprodukte. |
| **herbs** | | | Kräuter | |
| **honey** | | X | Honig | |
| **hummus** | homos | | Dip aus Kichererbsen, Sesam (orientalisch) | |
| **idli** | | | Gedämpfte Reis-Küchlein | Natur-gesäuerter Reis-Linsen-Teig. |

*Dal Palak und Idli im Little Plantain Leaf Agonda*

| | | | | |
|---|---|---|---|---|
| **imli** | | | Tamarinde | |
| **jacket potato** | | | Große Ofenkartoffel (englisch) | In der 'Jacke' = Schale. Längs aufgeschnitten, mit Füllung nach Wahl. |
| **jalfrezi** | | | Curry-Gericht, angebraten, mit dicker Soße | Zutaten mit Chili, Zwiebel, auch Paprika, Tomate gebraten, mit Soße übergossen. Inspiriert von chinesischen Wok-Gerichten. |
| **jeera** | zeera, cumin | | Kreuzkümmel, Kumin | |
| **juice (fresh)** | | | Saft (frisch zubereitet), pürierte Früchte | Wie unsere Smoothies, nicht entsaftet. |
| **kabab** | kebab | | Kebab, Stücke auf einem Spieß gegrillt | Auch Veggie-Optionen. |
| **kadai** | kadhai, karahi | | Tiefer Topf, Gerichte darin in Soße gekocht | |
| **kashmiri naan** | | X | Süßliches Naan-Fladenbrot | Mit Früchten, Nüssen, Gewürzen. |

| | | | | |
|---|---|---|---|---|
| **kashmiri pulao** | | | Süßliches Pulao (Reisgericht) | Mit Früchten, Nüssen, Gewürzen. |
| **kava** | kahwah, Kashmiri kava | | Grüner Tee mit Gewürzen | Safran, Zimt, Kardamom, evtl. Rosen. |
| **kichdi** | | | Herzhaftes Porridge (Brei) | Reis und Linsen mit indischen Gewürzen. |
| **kofta** | | | Frittierte Bällchen (orientalisch) | Hackfleisch oder Gemüse. |
| **kokum** | cocam | | Kokum, indischer Butterbaum | Früchte sehen aus wie rote Beeren. |
| **kolhapuri** | | | Scharfe, rote Currysoße | |
| **korma** | kurma | X | Cremige Currysoße | Mit Ghee, Milchprodukten oder Kokosmilch. |
| **kulcha** | | X | Fladenbrot, mit Backpulver und Joghurt | Weißes Weizenmehl. Milchprodukte. |
| **laccha paratha** | | X | Paratha-Brot, pur ohne Füllung | Weißes Weizenmehl, Ghee. |
| **lassie** | | X | Joghurt-Getränk | Joghurt mit Wasser oder Früchten. |

| | | | | |
|---|---|---|---|---|
| **lettuce** | | | Salat | Das Gemüse, nicht das Gericht. |
| **makhan** | | X | Butter | |
| **makhana** | lotus seeds, fox nuts | | Samen der Stachelseerose | |
| **makhani** | makhanwala | X | Gericht mit Butter | Bedeutet übersetzt 'mit Butter'. |
| **malai kofta** | | X | Frittierte Kartoffel-Paneer-Bällchen | Milchprodukte. |
| **Manchow soup** | | | Suppe nach Manchow-Art (chinesisch) | Dunkelbraune Suppe mit Sojasoße. |
| **Manchurian** | | | Nach Manchurian-Art (chinesisch) | Süß-salzige braune Soße. |
| **maple syrup** | | | Ahornsirup | |
| **Marmite** | | | Hefeextrakt-Paste (englisch) | Brotaufstrich |
| **masala** | | | Gewürze/ Mischung | Gerichte mit würzigem Geschmack. |
| **masala chai** | | X | Schwarztee mit Gewürzen und Milch | Alternativen mit Pflanzendrink. |

| | | | | |
|---|---|---|---|---|
| **masala dosa** | | | Dosa mit würziger Kartoffel-Füllung | |
| **masala papad** | masala poppadom | | Belegtes Papad, Vorspeise oder Snack | Gehackte Tomate, Gurke, Zwiebel, Chili. |
| **mash** | mashed | | Brei, zerstampft, püriert | |
| **meida** | maida | X | Hochraffiniertes weißes Weizenmehl | |
| **methi** | fenugreek | | Bockshornklee | |
| **millet** | ragi | | Hirse | |
| **mint** | | | Minze | |
| **momos** | | X | Gefüllte Teigtaschen (chinesisch) | Weißes Weizenmehl. Nepalesisch, tibetisch. |
| **moong dal** | mung dal | | Mungbohnen | |
| **mughlai** | | X | Cremige, reichhaltige Currysoße | Ei, Milchprodukte. |
| **muhammara** | | | Scharfer Dip aus roten Chilis (orientalisch) | Kann Brotkrümel enthalten. |
| **mushroom** | | | Pilz | |
| **muttar** | mutter, green peas | | Grüne Erbsen | |

| | | | |
|---|---|---|---|
| **Mysore masala dosa** | | Masala Dosa nach Mysore-Art | Mit roter Chili-Paste bestrichen. |
| **naan** | X | Fladenbrot, fluffig, pur oder mit Füllung | Weißes Weizenmehl. Mit Hefe, große Blasen. |
| **namkeen** | | Herzhaftes Knabberzeug | |
| **navratan** | | Neun 'Edelsteine', gemeint sind Gemüsesorten | |

| | | | | |
|---|---|---|---|---|
| **oats (rolled)** | | X | Hafer (-Flocken) | |
| **onion** | | | Zwiebel | |
| **pakora** | pakoda, bhaji | | In Teig frittierter Snack, Gemüse oder Fleisch | Kichererbsen- oder Maismehl. Weizen möglich. |
| **palak** | | | Spinat | |
| **pancake** | | X | Pfannkuchen | Weizen, Ei, Milchprodukte. Alternativen aus Kichererbsen ('Omelette'), Buchweizen. |
| **paneer** | | X | Indischer Käse | |
| **papadom** | papad, poppadom | | Tellergroße knusprige Chips aus Linsenmehl | Traditionell Linsenmehl. Weizenmehl kann aber beigemengt sein. |

*Masala Papad im Tejas Talpona*

| | | | |
|---|---|---|---|
| **paratha** | X | Fettiges Fladenbrot, pur oder mit Füllung | Weißes Weizenmehl. Traditionell mit Ghee. Schichten aus Ghee und Brotteig. Typisches Spiral-Muster durch falten, aufrollen und ausrollen der Schnecke. Auch Techniken ähnlich wie bei Blätterteig. |
| **parsley** | | Petersilie | |
| **patal bhaji** | | Suppe mit Linsen und grünem Blattgemüse | Dünne Suppe. |
| **pav** | X | Brot, Format eher wie Brötchen | Weißes Weizenmehl. Wie Puri, nur nicht frittiert, sondern gebacken. |
| **peanut** | | Erdnuss | |
| **peanut masala** | | Erdnüsse mit Tomate, Zwiebel, Gurke | Wie Papad Masala, aber Erdnüsse statt Papad. |
| **pear** | | Birne | |

| | | | | |
|---|---|---|---|---|
| **peas** | green peas, mutter, muttar | | Grüne Erbsen | |
| **peppers** | bell/sweet peppers, chilies | | Paprika oder Chili | |
| **peshwari naan** | | X | Süßliches Naan-Fladenbrot | Reichhaltig. Mit Früchten und Nüssen. Weißes Weizenmehl, Milchprodukte. |
| **pickle** | | | Eingelegtes Gemüse | Pikante Beilage. |
| **pineapple** | | | Ananas | |
| **plain** | | | Einfach, pur | |
| **plum** | | | Pflaume | |
| **poached** | | | Pochiert | |
| **poee** | poi | X | Goanisches Brot mit Kümmel | Weizen. Mischung aus Vollkorn, Weißmehl, Kleie. |
| **poha** | | | Gewalzter Reis, Reisflocken | Quillt körner-ähnlich auf, nicht breiig. |
| **pomegranate** | | | Granatapfel | |
| **poppy seeds** | | | Mohnsamen | |

Dal Tadka
Poha
Im My Choice Palolem

| | | | | |
|---|---|---|---|---|
| **porridge** | | X | Frühstücksbrei, meist aus Haferflocken | Nach Wahl mit Milch oder Wasser. Alternative Körner möglich. |
| **plunger / press coffee** | | | Kaffee aus der Presskanne | |
| **pulao** | pulav, pilav, pilaw, palau | | Reisgericht auf Basis von gekochtem Reis | Meist in Brühe gekocht. |
| **pumpkin** | | | Kürbis | |
| **puri** | poori | X | Ballon-Brot, frittiert | Weißes Weizenmehl. |
| **racheado masala** | raechad | | Goanischer Chili-Dip oder Marinade | Leuchtrot. Chilis, Gewürze mit Essig zermahlen. |
| **radish** | | | Rettich, Radieschen | |
| **raita** | | X | Joghurt-Dip mit Kräutern, Gewürzen | Kühlend. Variationen mit weiteren Zutaten. |
| **rajma** | | | Kidneybohnen in Currysoße | |
| **ramen** | | X | Asiatische Nudeln | Weizen. |
| **rava** | semolina | X | (Weizen-)Grieß | Andere Körner möglich. |

| | | | | |
|---|---|---|---|---|
| **roasted** | | | Geröstet / gebacken | |
| **rocket salad** | arugula | | Rucola | |
| **ros omelette** | ras omelette | X | Goanisches Eier-Omelette in Soße | Oft Huhn- oder Kichererbsen-Curry, Xacuti. |
| **roti** | | X | Fladenbrot aus Vollkornmehl | Weizen. Flach, wie Tortilla. |
| **rumali roti** | | X | Dünnes, faltbares Roti. 'Rumali' = Taschentuch. | Vollkorn-Weizenmehl. |
| **saagwala** | saag, saga | | Curry-Gericht mit grünem Blattgemüse | |
| **sabzi** | | | Gemüse | |
| **sambar** | | | Würzige, dünne Linsensuppe | Oft als Beilage. |
| **samosa** | | | Dreieckige gefüllte Teigtaschen | Veggie-Füllung: Kartoffeln, Erbsen. Traditionell Kichererbsenmehl, Weizen möglich. |
| **schezwan** | sichuan | | Szechuanpfeffer, rote Soße daraus (chinesisch) | |
| **scramble** | | X | Rührei | |
| **seaweed** | | | Algen | |

*Ragi Crepe mit Tofu Scramble im Café La Boheme Agonda*

| | | | | |
|---|---|---|---|---|
| **shakshuka** | chakchouka | X | Pochierte Eier in Tomatensoße (israelisch) | |
| **sheera** | | X | Süßliches Grieß-Gericht | Weizengrieß, Milchprodukte, Ghee. |
| **smoothie** | | | Shake mit Milchprodukten aus Gemüse, Früchten. | Auch weitere Zutaten. Vegane Alternativen mit Pflanzendrinks. |
| **sourdough** | | X | Sauerteig | Meist Weizen. |
| **spelt** | | X | Dinkel | |
| **spices** | | | Gewürze | |
| **spinach** | palak | | Spinat | |
| **sprouts** | | | Sprossen | |
| **strawberries** | | | Erdbeeren | |
| **sweet potato** | | | Süßkartoffel, Batate | |
| **tabbouleh** | taboulé | X | Bulgur- oder Couscous-Salat (orientalisch) | Petersilie, Tomaten, Frühlingszwiebel, Olivenöl, Minze, Zitronensaft. Weizen. Alternativen mit Quinoa, Buchweizen. |
| **tahini** | | | Sesamsamen-Mus | |
| **tamatar** | | | Tomaten | |

| | | | | |
|---|---|---|---|---|
| **tandoori** | tandor | | Tandur, Tonofen, Gerichte daraus | |
| **taro** | tarro | | Wasserbrotwurzel | |
| **tava** | tawa | | Flache Pfanne für Brote und Pfannkuchen | Ähnlich wie Crêpe-Pfanne. |
| **thali** | taali | | Servierplatte, darauf serviertes Buffet-Gericht | Mit Reis, Papad, Fladenbrot, verschiedenen Currys, Joghurt, Chutney, jeweils in separaten Schälchen. |
| **thukpa** | | X | Nudelsuppe (nepalesisch) | Für gewöhnlich Weizen-Nudeln. |
| **tikka** | teeka | X | Würzige Marinaden-Mischung mit Joghurt | Ursprüngliche Bedeutung: Fleischstücke wie Schnitzel. |
| **tulsi** | | | Indisches Basilikum | |
| **turmeric** | | | Kurkuma, Gelbwurz | |

| | | | | |
|---|---|---|---|---|
| **upma** | uppama | X | Grieß-Gericht mit Früchten oder Gemüse | Frühstück. 'Rava' oder 'Semolina' = Weizengrieß. Möglich auch Grieß aus Reis, Mais, .... |
| **uttapam** | utthapam | | Herzhafter dicker Pfannkuchen | Natur-gesäuerter Reis-Linsen-Teig, wie Dosa. |
| **vada** | wada, vade, vadai | | Herzhafte Snacks, Donuts oder andere Formen | Aus Linsenteig, auch andere Hülsenfrüchte. |
| **vindaloo** | vindalho, vindalu, windlu | | Goanische Curry-Gewürzmischung, scharf | |
| **vinegar** | | | Essig | |
| **watermelon** | | | Wassermelone | |
| **wheat** | | X | Weizen | |
| **whole** | | | Vollwertig | Z.B. whole grain = Vollkorn, whole wheat = Vollkorn-Weizen. |
| **xacuti** | | | Goanische Curry-Mischung, süßlich aromatisch | Mit Kokos-Raspeln, süßliche Gewürze wie Zimt. |

Vada mit
Kokos-Chutney
und Sambar

Uttapam mit
Kokos-Chutney
und Sambar

# REISEFÜHRER UND REISETIPPS

Auf meinem Blog habe ich noch mehr Inspiration für dich zum Thema 'grün' Reisen und gesund, nachhaltig leben. Du bist herzlich eingeladen, auf den Seiten zu stöbern!

Vielleicht interessieren dich zum Beispiel diese Beiträge:

**Ljubljana**: Städtetrip in eine grüne Umwelthauptstadt Europas [Reiseführer]

☞ ecoco.bio/ljubljana

Die besten **SIM-Karten in Europa** für Datenpakete + EU-Roaming auf Reisen [Mobiles Internet]

☞ ecoco.bio/sim

**Reisehandtuch-Test** – Mikrofaser vs. Bio-Baumwolle und Bambus [2019] Muss es denn immer Plastik sein?

☞ ecoco.bio/reisehandtuch

# EINEN KLEINEN GEFALLEN FÜR DEINE AUTORIN?

Zum Schluss habe ich noch eine kleine Bitte: würdest du mir eine **Rezension auf Amazon** hinterlassen? Über diesen Link kommst du direkt auf die Seite, wo du die Rezension abgeben kannst und es dauert keine zwei Minuten (oder gehe in Amazon zur Produktseite des Buches):

☞ ecoco.bio/rezensiongoa

Für den Erfolg oder Misserfolg eines Buches spielen Rezensionen eine wichtige Rolle. Schon die erste Rezension wird von Amazon anerkannt und bewirkt eine Verbesserung des Rankings. Damit ein Buch den Kunden bei ihrer Suche im Shop überhaupt angezeigt wird, ist ein hohes Ranking notwendig – jede Rezension zählt und trägt dazu bei, dass der Autor eine bessere Chance bekommt, gefunden zu werden und sein Buch zu präsentieren. Gerade für 'kleine' Autoren wie mich macht eine Rezension mehr oder eine weniger einen enormen Unterschied!

Wenn dir meine Arbeit gefällt, gibt es auch weitere Möglichkeiten, wie du mir helfen kannst sie fortzuführen:

**Affiliate-Links**: Verwende einfach meine Affiliate-Links, wenn du etwas kaufst! Dadurch entstehen für dich keine zusätzlichen Kosten, aber ich erhalte eine kleine Provision. Neben den Links in diesem Buch, findest du hier eine Liste weiterer Partnerprogramme, bei denen ich eingeschrieben bin:

☞ ecoco.bio/crowdsupport

Darunter sind Anbieter von Produkten, Dienstleistungen, Kursen, Info-Produkten oder Shops, deren Angebote bio, vegan, glutenfrei, rohköstlich, umweltfreundlich, ethisch ... einfach rundum vernünftig sind. Auch wenn du im ecoco Wiki auf meiner Webseite stöberst und über Links dort einkaufst, kannst du mein Projekt unterstützen.

Und falls du doch etwas Kleingeld übrig hast und mir ein paar Groschen direkt in die **'Teekasse'** werfen möchtest, findest du auf dieser Seite auch einen Spenden-Button – oder direkt über:

☞ ecoco.bio/spende

Ich danke dir von Herzen für deine Unterstützung! ❀♡

# ÜBER DIE AUTORIN

Cheryl Bennett

Ich bin 1979 geboren, in Süddeutschland in eine englische Familie – genau, daher der für Deutschland etwas ungewöhnliche Name. Mein Studium habe ich in Marketing & Events Management abgeschlossen und mich später auch im Bereich veganer / plant-based Ernährung weitergebildet.

Seit 2005 arbeite ich selbständig und online. Mein Herz schlägt für einen gesunden Lebensstil und den Wandel unserer Gesellschaft zu einem nachhaltigen Modell. Daher konzentriere ich mich mit meinen Projekten auf 'grüne' Nischen und hoffe so einen kleinen Beitrag zu leisten zur Gesundung unserer Umwelt und ihrer Bewohner.

2018 habe ich mein Hab und Gut aufgelöst und bin mit dem Handgepäcksrucksack und Laptop unterm Arm losgezogen. Zwischenzeitlich hat mich mein Lebenspartner mit dem Wohnmobil eingeholt und wir touren gemeinsam durch Europa. Es dürften also noch weitere Reisebeiträge folgen! Vielleicht planen wir sogar Touren, zu denen du dann herzlich eingeladen bist ... Wenn du in Zukunft als Erster erfahren möchtest, wenn es Neuigkeiten gibt, halte ich dich gerne auf dem Laufenden. Hinterlasse mir einfach deine Email-Adresse:

☞ ecoco.bio/connect

Dort findest du auch meine **Kontakte und Profile** auf verschiedenen Plattformen. Ich würde mich freuen von dir zu hören und hoffe, wir sehen uns bald wieder!

Mehr über meine **Projekte** findest du auf meiner Webseite:

☞ ecoco.bio

Printed in Poland
by Amazon Fulfillment
Poland Sp. z o.o., Wrocław

10679883R10136